梁啓超 著

# 飲冰室合集

專集

第二册

中華書局

# 飲冰室專集之二

## 自由書

### 敘言

自東徂以來。與彼都人士相接。誦其詩。讀其書。時有所感觸。與一二賢師友傾吐之。過而輒忘。無涯生曰。盍最而記之。自惟東鱗西爪。竹頭木屑。記之無補於天下。雖然。可以自驗其學識之進退。氣力之消長也。因日記數條以自課焉。每有所觸。應時援筆。無體例。無次序。或發論。或講學。或記事。或鈔書。或用文言。或用俚語。惟意所之。莊生曰。我朝受命而夕飲冰。我其內熱歟。以名吾室。西儒約翰彌勒曰。人羣之進化。莫要於思想自由。言論自由。出版自由。三大自由皆備於我焉。以名吾書。己亥七月一日著者識。

### 成敗

凡任天下大事者。不可不先破成敗之見。然欲破此見。大非易事。必知天下之事。無所謂成。無所謂敗。參透此理而篤信之。則庶幾矣。何言乎無所謂成。天下進化之理。無有窮也。進一級更有一級。透一層更有一層。今之所謂文明大業者。自他日觀之。或笑爲野蠻。不值一錢矣。然則所謂成者果何在乎。使吾之業。能成於一國。而全世界應辦之事復無限。其不成者正多矣。使吾之業能成於一時。而將來世界應辦之事復無限。其不成者正多矣。況即以一時一國論之。欲求所謂美滿圓好毫無缺憾者。終不可得。其有缺憾者。即其不成者也。蓋世界之進化無窮。故事業亦因之無窮。而人生之年命境遇聰明才力則有窮。以有窮者入於無窮者。而欲云有成。萬無是處。何言乎無所謂敗。天下之理。不外因果。不造因則斷不能結果。既造因則無有不結果。而其結果之遲速遠近。則因其內力與外境而生種種差別。淺見之徒。偶然未見其結果。因謂之爲敗云爾。不知敗於此者或成於彼。敗於今者或成於後。敗於我者或成於人。盡一分之心力。必有一分之補益。故惟日孜孜。但以造因爲事。則他日結果之收成。必有不可量者。若怵於目前。以爲敗矣敗矣。而不復辦事。則遂無成之一日而已。故辦事者立於不敗之地者也。不辦事者立於全敗之地者也。苟通乎此二理。知無所謂成。則無希冀心。知無所謂敗。則無恐怖心。無希冀心。無恐怖心。然後盡吾職分之所當爲。行吾良知所不能自已。奮其身以入於世界中。磊磊落落。獨往獨來。大丈夫之志也。大丈夫之行也。

日本維新之首功。西鄉乎。木戶乎。大久保乎。曰唯唯否否。伊藤乎。大隈乎。井上乎。後藤乎。板垣乎。曰唯唯否否。諸子皆以成爲成者也。若以敗爲成者。則吉田松陰其人是也。吉田諸先輩造其因。而明治諸元勳收其果。無因則無果。故吉田輩當爲功首也。考松陰生平欲辦之事。無一成者。初欲投西艦逃海外求學而不成。既欲糾志士入京都勤王而不成。既欲遣同志阻長藩東上而不成。事事爲當道所抑壓。卒坐吏議就戮。時年不過三十。其敗也可謂至矣。然松陰死後。舉國志士。風起水湧。卒傾幕府。成維新。長門藩士最有力焉。皆松陰之門人也。吾所謂敗於今而成於後。敗於己而成於人。正謂是也。丈夫以身任天下事。爲天下耳。非爲身也。但有益於天下。成之何必自我。必求自我成之。則是爲身也。非爲天下也。

吉田松陰曰。今之號稱正義人觀望持重者。比比皆是。是爲最大下策。何如輕快捷速。打破局面。然後徐圖占地布石之爲勝乎。又曰。士不志道則已。苟志道矣。而畏禍懼罪。有所不盡於言。取容當世。貽誤將來。豈君子學者之所爲哉。又曰。今日事機之會。朝去夕來。使有志之士。隨變喜怒於其間。何能有爲。又曰。當今天下之事。有眼者皆見而知之。吾黨爲任甚重。立志宜大。不可區區而自足。又曰。生死離合。人事倏忽。但不奪者志。不滅者業。天地間可恃者獨是而已。死生原是開闔眼。禍福正如反覆手。嗚呼。大丈夫之所重。在彼不在此也。又曰。今世俗有一說曰。時尚未至。輕動取敗。何如浮沈流俗。免人怪怒。乘時一起。攫取功名耶。當今所謂有志之士。皆抱持此說。抱持此說者。豈未思今上皇帝之宸憂乎。宸憂如彼。猶抱持此說。非士之有志者也。以上各條。吾願以書諸紳。亦願我同志以書諸紳。

讀松陰之集。然後知日本有今日之維新者。蓋非偶然矣。老子曰。不爲天下先。蓋爲天下先者。未有不敗者也。然天下人人皆畏敗而憚先。天下遂以腐壞不可收拾。吉田松陰之流。先天下以自取敗者也。天下之事。往往有數百年夢想不及者。忽焉一人倡之。數人和之。不數年而徧於天下焉。苟無此倡之之一人。則或沈埋隱伏。更歷數十年數百年而不出現。石沈大海。雲散太虛而已。然後嘆老氏之學之毒天下。未有艾也。

## 俾士麥與格蘭斯頓

歐洲近世大政治家。莫如德之俾士麥。英之格蘭斯頓。俾士麥之治德也。專持一主義。始終以之。其主義云何。則統一德意志列邦是也初以此主義要維廉大帝而見信用繼以此主義斷行專制擴充軍備終以此主義挫奧厥法排萬難以行之畢生之政略未嘗少變格蘭斯頓則反是不專執一主義不固守一政見故初時持守舊主義後乃轉而爲自由主義壯年極力保護國教老年乃解散愛爾蘭教會初時以强力壓鎭愛爾蘭終乃倡愛爾蘭之當自治凡此諸端皆前後大相矛盾然其所以屢變者非爲一身之功名也非行一時之詭遇也實其發自至誠見有不得不變者存焉夫世界者變動不居者也一國之形勢與外國之關係亦月異而歲不同者也二三十年前所持之政見至後日自覺其不適用而思變之智識日增之所致乎庸何傷焉故能如格蘭斯頓者可謂之眞維新亦可謂之眞守舊矣俾公堅持其主義而非剛愎自用者所得藉口格公屢變其主義而非首鼠兩端者所可學步曰惟至誠之故

凡任天下大事者不可無自信力每處一事既見得透自信得過則出一往無前之勇氣以赴之經百折不回之耐力以持之雖千山萬嶽一時崩坼而不以爲意雖怒濤驚瀾驀然號鳴於脚下而不改其容猛虎舞牙爪而不動霹靂旋頂上而不驚一世之俗論囂囂集矢而吾之主見如故平生之政黨紛紛離合而吾之主見如故若此者格蘭斯頓與俾士麥正其人也格公倡議愛爾蘭自治之時自黨分裂腹心盡去昨日股肱今日仇敵而格公不少變乃高吟曰拾茲子兮涕滂沱故舊絕我兮涕滂沱嗚呼綿綿此恨兮恨如何爲國家之大計兮我終自信而不磨俾公爲謀德國之合邦或行專斷之政策或出壓制之手段幾次解散議院而不顧幾次以身爲輿論之射鵠而不懼嘗述懷曰以我身投於屠肆以我首授於國民我之所以謝天下蒼生者盡於是矣雖然我之所信者終不改之我之所謀者終不敗之嗚呼此何等氣概此何等肩膀非常之原黎民懼焉非有萬鈞之力則不能

守一寸之功。

## 自由祖國之祖

北亞美利加洲有一族之人民焉。距今二百七十餘年前。其族之先人百有一人。苦英吉政。相率辭本國。去而自竄於北美洲蓬艾藜蒿之地。櫛風沐雨。千辛萬苦。自立之端緒。稍萌芽焉。其初至之地。曰菩利摩士。遺跡至今猶有存者。爾後有志之士接踵而來。避秦而覓桃源者。所在皆是。積百有餘年。戶口漸繁。財政漸增。至千七百七十五年。既瀰漫於十三州之地。遂建義旗。脫英羈軛。八年苦戰。幸獲勝利。遂爲地球上一大獨立國。即今之美國是也。回憶此一百有一之先人。於千六百二十年十二月二十二日。冽風陰雪中。舍舟登陸。藺足而立於太平洋岸石上之時。其胸中無限塊壘抑塞。其身體無限自由自在。其襟懷無限光明俊偉。殆所謂本來無一物者。而其一片獨立之精神。遂以胚胎孕育今日之新世界。天下事固有種因在千百年以前。而結果在千百年以後者。今之人有欲頂禮華盛頓者乎。吾欲率之以膜拜此百有一人也。

## 地球第一守舊黨

有地球第一守舊黨。曰梅特湼。奧大利之宰相也。自千八百九年至千八百四十八年。凡四十年間。掌握歐洲之大權。初爲意外部大臣。自千八百廿一年。勝奧大利之後。晉乘首相。乘當歐洲全局外面和平無事。上恬下嬉之時。弄其小智小術。收全歐之霸權。歸其掌中。既以其簡單武斷之制度。操縱繁雜文明之奧國。猶以爲未足。又干涉日耳曼意大利之內政。欲待普魯士以屬邦之禮。其政策專以愚黔首爲宗旨。其行事專以模稜兩可爲長技。其於演說文章務爲浮泛曖昧之旨。以掩蔽其淺薄固陋之智識。其待人民也。不許有參與政事之權。以爲民者惟當供納租稅以奉其上耳。舍此更無他權利。其意以爲欲使奧國之威。加於歐洲。惟當注意外交之事務。銳敏熟練而已。又當到處設警察間諜。以施臨機之策。故其全副精神皆用於此。專執鎖國主義。禁他國之智識技藝器械。不使入奧境。猶畜牧者之防獸疫也。乃先禁止奧國臣民子弟留學於他邦之大學者。又禁國內大小學校之聘外國人爲教師。及十歲以上外國人子弟之入學者。又國中民間自立之學校。待之極爲嚴酷。其設立僅限期六年之久。又非經警察官之稽查。不許開學。就中如政治學。如近世歷史。尤其所最厭忌也。故當時日耳曼諸邦。哲學歷史格致政治諸學大盛。而奧國闃然無聞。其學校所授者。惟東方之語言文字詩歌等學而已。又授以柔人精神止人不平之音樂。所授之學。惟以呆板之器械而已。毫不言其所以然之地。恐人因窮理而生智慧也。其於人民也。軟弱者則壓制之。憤激者則籠絡之。或引致諸貴顯。以消其不平之氣。曾屢次見民情洶湧。出奸智以了事。乃造假憲法。名爲許民權。實則壓抑民權。加以當時俄普奧三帝設立神聖同盟。欲以專制民賊之政。大施於各國。梅特涅利用之。獻媚各君主。以行其鬼蜮之計。日耳曼南部。屢次獨立。以兵力壓制之。意大利屢次獨立。亦以兵力壓制之。蓋不獨爲奧國之罪人而已。當十九世紀上半紀。使歐洲各國黑暗於上。而硫磺於下者。皆梅特涅一人之爲之也。至千八百四十八年。歐洲中原各國革命之運。已臻其極。奧國勢不能以孤木立於洪濤巨漲之中。於是三月十三日。人民數萬羣集於議事堂前。謂改革制度。衆怒如火。激昂義憤之聲。徧於國中。卒乃不可壓抑。以人民之公議。而流梅特涅於英國。於是奧人始得復見天日。而全歐洲之大魔王乃摧滅矣。

飲冰子曰。梅特涅之禁絕外國學問也。非禁形式上之學問。而禁精神上之學問也。精神上之學問者何。民權自由是也。人民一知民權自由之理。則其操縱駕馭苟且粉飾之術將無所用。故不得不以死力挫其鋒也。當時歐洲之民智既已大開。自治獨立之聲。徧於全歐。而梅特涅出其陰謀詭計。猶能彌縫而掩飾之者殆四十年。可不謂才士也夫。雖然。民權自由者。天下之公理也。世界自然之進步。積其資格以及於今日。既已磅礴鬱積。持滿而必發。譬之經嚴冬沍寒以後。春風一度。勾出萌達。萬綠齊茁。夫寧可壓制耶。夫寧可壓制耶。譬之奔流壅之愈甚則決之愈烈。吾甚悲夫以梅特涅之才。執歐洲中原四十年之牛耳。費盡心計。擔盡驚恐。徒博得身敗名裂。爲天下萬世指笑而唾罵之。噫嘻。是亦不可以已乎。抑世有才不及梅特涅。而欲學其愚民武斷模稜兩可之術。以固寵沽名於一時者。吾益不知其所終極矣。

孔子曰。惡紫之奪朱也。惡鄭聲之亂雅樂也。其南皮張公之謂乎。彼張公者。豈曾知中國爲何狀。豈曾知西國爲何物。豈曾知西人爲何學。而貿貿然號於衆曰。吾知西法者。世人亦貿貿然推之曰。是知西法者。夫天下無一人知西法者。吾猶有望焉。何也。彼其一旦知之。而進步之驟。將不可限量也。今天下知西法之人如張公者。不下千萬。而中國之亡。眞不可救矣。張公著勸學篇。以去歲公於世。挾朝廷之力以行之。不脛而徧於海內。其聲價視孟的斯鳩之萬法精理。盧梭之民約論。彌勒約翰之自由公理。初出世時。殆將過之。噫嘻。是囁囁嚅嚅者何足道。不三十年。將化爲灰燼。爲塵埃野馬。其灰其塵。偶因風揚起。聞者猶將掩鼻而過之。雖然。其於今者二三年中。則儼然金科玉律。與四書六經爭運矣。天下事凡造因者必有結果。今張公復造此一層惡因。其謬見浸染於蚩蚩者之腦中。他日抵制其結果。固不得不費許多力也。偉哉南海何沃生三水胡翼南之二君者。廓淸而辟闢之。如鑄禹鼎圖罔兩之形狀。如然溫犀照百怪之癥結。勸學篇書後一卷。排中國文明之阻力。其功不在禹下。張公見之。如以爲莠言亂政乎。吾願其集幕府中理學經學氣節文章之士。更爲書勸學篇書後後一書。則距邪說扶正學之功。不益多乎。雖然。吾有知張公之能怒而不能言也。

## 文野三界之別

泰西學者。分世界人類爲三級。一曰蠻野之人。二曰半開之人。三曰文明之人。其在春秋之義。則謂之據亂世升平世太平世。皆有階級。順序而升。此進化之公理。而世界人民所公認也。其軌度與事實。有確然不可假借者。今略臚列之如下。

第一。居無常處。食無常品。逐便利而成羣。利盡則輒散去。雖能佃漁以充衣食。而不知器械之用。雖有文字。而不知學問。常畏天災。冀天幸。坐待偶然之禍福。仰仗人爲之恩威。而不能操其主權於己身。如是者謂之蠻野之人。

第二。農業大開。衣食頗具。建邦設都。自外形觀之。雖已成爲一國。然觀其內實。則不完備者甚多。文學雖盛。而務實學者少。其於交際也。猜疑之心雖甚深。及談事物之理。則不能發疑以求眞。是摸擬之細工雖巧。而創造之能力甚乏。知修舊而不知改舊。交際雖有規則。而其所謂規則者。皆由習慣而成。如是者謂之半開之人。

第三。範圍天地間種種事物於規則之內。而以己身入其中以鼓鑄之。其風氣隨時變易。而不惑溺於舊俗所習慣。能自治其身。而不仰仗他人之恩威。自修德行。自闢智慧。而不以古爲限。不以今自畫。不安小就。而常謀未來之大成。有進而無退。有升而無降。學問之道。不尚虛談。而以創闢新法爲尚。工商之業。日求擴充。使一切人皆進幸福。如是者謂之文明之人。

論世界文野階級之分。大略可以此爲定點。我國民試一反觀吾中國於此三者之中居何等乎。可以瞿然而興矣。

國之治亂。常與其文野之度相比例。而文野之分。恆以國中全部之人爲定斷。非一二人之力所能強奪而假借也。故西儒云。國家之政事。譬之則寒暑表也。民間之風氣。譬之則猶空氣也。空氣之燥濕冷熱。而表之升降隨之。絲毫不容假借。故民智民力民德不進者。雖有英仁之君相。行一時之善政。移時而掃地以盡矣。如以沸水浸表。雖或驟升。及水冷而表內之度。仍降至與空氣之度相等。此至淺之理。而一定之例也。故善治國者。必先進化其民。非有孟的斯鳩（法國人著萬法精理一書言君主民主君民共主三種政體之得失）盧梭（法國人著民約論言國家乃由民間契約而成者）則法國不能成革命之功。非有亞丹斯密之徒（英國人爲資生學之鼻祖）則英國不能行平稅之政。故曰英雄之能事。在造時勢而已。

## 英雄與時勢

或云英雄造時勢。或云時勢造英雄。此二語皆名言也。爲前之說者曰。英雄者人間世之造物主也。人間世之大事業。皆英雄心中所蘊蓄而發現者。雖謂世界之歷史。卽英雄之傳記。殆無不可也。故有路得然後有新教。有哥侖布然後有新洲。有華盛頓然後有美國獨立。有俾士麥然後有德國聯邦。爲後之說者曰。英雄者乘時者也。非能造時者也。人羣之所漸漬積累旁薄蘊蓄。既已持滿而將發。於斯時也。自能孕育英雄。以承其乏。故英雄雖有利益及於人羣。要不過以其所受於人羣之利益而還付之耳。故使路得非生於十六世紀。（西人以耶穌紀年一百年爲一世紀）而生於第十世紀。或不能成改革宗教之功。使十六世紀卽無路得。亦必有他人起而改革之者。其他之實例亦然。雖無歌白尼地動之說終必行於世。雖無哥侖布美洲新世界終必出現。余謂兩說皆是也。英雄固能造時勢。時勢亦能造英雄。英雄與時勢。二者如形影之相隨。未嘗少離。旣有英雄。必有時勢。旣有時勢。必有英雄。嗚呼今日禹域之厄運亦已極矣。地球之殺氣亦已深矣。孟子不云乎。以其數則過矣。以其時考之則可矣。斯乃舉天下翹首企足喁喁焉望英雄之時也。二三豪俊爲時出。整頓乾坤濟時了。我同志我少年其可自菲薄乎。意大利當羅馬久亡。敎皇猖披。奧國干涉。岌岌不可終日之時。而始有嘉富爾。普魯士當日耳曼列國散漫積弱。見制法人。國體全失之時。而始有俾士麥。美利堅當受英壓制。民不聊生之時。而始有華盛頓。然則人特患不英不雄耳。果爲英雄。則時勢之艱難危險。何有焉。暴雷烈風。羣鳥戢翼。恐懼而蛟龍乘之飛行絕跡焉。驚濤駭浪。儵魚失所。錯愕而鯨鯢御之一徙千里焉。故英雄之能事。以用時勢爲起點。以造時勢爲究竟。英雄與時勢。互相爲因。互相爲果。造因不斷。斯結果不斷。

## 近因遠因之說

凡天下事。無論大小。必有其所由來。中國學者謂之爲「所以然之故」。省而言之謂之曰「原因」。論事者必求得其原因。然後下斷案。則斷案必不謬。治事者必針對其原因。然後施方法。則方法必有功。朱子曰。能求所以然之故。方是第一等學問。第一等事業。此之謂也。

雖然。原因之中又分近因遠因兩者。近因易見。遠因難知。試舉一例而明之。譬有酒客墮馬傷腰。遂得半身不遂之症。其治之之法。當如何。尋常庸醫必曰。病之原因在墮馬。當以跌打之藥熨貼腰際。如此療法。必不可愈。何也。蓋墮馬者不過其近因耳。實則由多年飲酒過度。脊髓既衰。正當蓄病將發之時。適以墮馬激動全體。故遂痹痿耳。善醫者則必先使戒酒。斷其病之遠因。使脊髓復原。則痿之易易矣。夫醫國亦何莫不然。今之口言經濟者。輒曰中國之患貧也。弱也。官吏不忠也。亂民徧地也。外國淩逼也。其救之之法。則曰練兵也。辦團也。籌餉也。勸商也。其尤高識者。則曰變舊法也。興民權也。彼其持論。誰謂不然。以吾觀之。雖其所見有高下大小之不同。要之皆治近因之方法。而非治遠因之方法。不治遠因而欲治近因。則必不可得治。

且猶有一說。近因者常繁多混雜。而使人難覓其頭緒。遠因則不然。一旦尋得之。則顛撲不破。可依之而定辦事之方向。蓋近因者每一事必有一因。遠因者常合數因以爲一因。故遞而推之。愈推愈遠。則其原因之數愈減少。而據原因以定方法。乃若網在綱。有條而不紊。更舉一例以明之。譬諸水之沸騰。由薪火而起。人之呼吸由空氣而生。此近因也。更進一層以求之。則薪之所以燃者。由薪中所含炭氣。與空中之養氣相和合而生熱也。人之所以呼吸者。由引空中之養氣入肺。與血中留存之炭氣相和合而吐納也。然則薪火也。空氣也。皆近因也。而其遠因則同出於養氣。水之沸與人之呼吸。其外形絕異。而其原因之相同乃如此。苟知其故。則欲止沸歟。息喘歟。或欲揚沸歟。順氣歟。皆可以同理之法而治之。所謂通其一。萬事畢。其爲道雖似迂遠。其爲法實甚簡易。然則求遠因者。論事之祕訣。治事之捷法也。夫所謂治遠因者何。曰造時勢而已。

## 草茅危言

曩讀亞東時報有題草茅危言者。日本深山虎太郎君所撰。爲篇凡三。曰民權。曰共治。曰君權。皆源本泰西碩儒政體之論。切中中國時病者。因錄其全文於下。

民權篇

民受生於天。天賦之以能力。使之博碩豐大。以遂厥生。於是有民權焉。民權者。君不能奪之臣。父不能奪之子。兄不能奪之弟。夫不能奪之婦。是猶水之於魚。養氣之於鳥獸。土壤之於草木。故其在一人。保斯權而不失。是爲全天。其在國家。重斯權而不侵。是爲順天。勿能保於天則爲棄。疾視而侵之於天則爲背。全順者受其福。而背棄者集其殃。何者。民與權俱起。其源在乎政府以前。彼憲法云。律令云。特所以維持之。使無失墜。非有憲法律令而後有民權也。故國人皆曰政府可設。而後政府設。國人皆曰政府可廢。而後政府廢。國人皆曰憲法律令可行。而後憲法律令行。國人皆曰憲法律令可革。而後憲法律令革。國家大事。措施得失。闔四境之民平議而行。其權盛矣。唯人心之不同。利害交錯。莫能畫一。且各有生產作業。不能親政。爲古今通患。於是立賢者以爲之王。以爲之輔相。假之以柄。以整齊天下。故君相之權。固假之萬民。非自有其權也。柳宗元曰。吏於上者。民之役。而非以役民而已。西人之諺曰。官吏者。天下之公僕也。若以民之役役民。以奴僕鞭箠其主人。則不倫孰大於是。余竊觀中國古聖賢創業垂訓。具合於泰西民權之宗旨。蓋公理無東西。而大道無古今。凡有血氣。其積思所至均也。堯舜官天下。求賢禪讓。何與美利堅合衆國公舉總統之制。類也。湯武順天應人。以放伐獨夫。代膺大位。何與歐洲列國之民。迫其政府。更革政治。類也。孔子對哀公曰。百姓足。君孰與不足。孟軻以君爲輕。民爲貴。發明民權。豈有彰明較著於此者哉。意者孔孟之時。距三代不遠。堯舜之道。布在方策。令夫一聖一賢。

得志於當時。有所成就。蓋有難測者矣。惜乎。後世昧於聖哲本旨。不能擴充闡明以成太平。至於大道晦冥。冠履倒置。自秦漢以降淪胥至今風氣之不開紀綱之不肅國本之不固宮闈之不清民力之不厚士氣之不振。是由上有背天之政府而無順天之君。下有棄天之人。而無敬天之民。今欲舉秦漢以來積敝摧陷而廓清之。以舉自强維新之政。則必自恢復民權始。

共治篇

古今東西。一治一亂。盛衰之變。不能百年。今歐美諸邦日躋富强隆治之域。國運蒸蒸乎不知其艾。期是其故何也。不治民而與民共治也。曷言乎治民也。專制爲治。獨裁爲政。有賢明之君在上。則國富兵强。有暗愚之君在上。則國貧兵弱。所謂其人存則其政舉。其人亡則其政息。盛衰興亡之幾。繫在一人。自古賢君少而暗主多。此所以東洋諸國常不振也。曷言乎與民共治也。公議爲治。集思爲政。舉國中之良。選而委以政焉。故雖有幽厲不能行其暴。雖有管蔡不能逞其奸。盛衰興亡。與一國人心相表裏。此所以泰西諸國近大振也。夫人情靡弗好强而惡弱。愛治而忌亂焉。而東洋諸國之遂不免夫亂與貧者。獨有尙古薄今之弊。根柢人心。牢乎不拔也。中國儒者開口輒言許身稷契。致君堯舜。嗚呼。周漢以來。論治道者。噫不以堯舜禹湯爲指歸哉。而唐虞三代之隆治。竟不可得者。非特民心日澆。風氣日薄故也。彼唯貌似聖人。而忽聖人本旨。故汲汲然揭三代以爲旗幟。而三代之治愈遠也。余嘗讀史。漢以下歷朝帝王不下數百人。而求其聰明叡知爲天下眞主者。百中僅得一二耳。中材之君則百五六。庸劣之主則百九十矣。故天下百年而無十年之治。天災人禍。接踵而至。生靈魚肉。肝腦塗地。宗社亦隨而亡。歷朝相襲。如環之無端。天下搢紳章甫之士。獨不能鑑於前轍。沈溺二典。歌頌三代。以待聖人之出其愚豈止待河清之比哉。若有人於此。其力能擺脫三千年宿弊。變專制獨裁之治作衆思公議之政。中國之天下不足治也。

## 君權篇

或難余說曰。民權說頗善。然似不與君權相容。爲之何如。曰。君依民爲重。民依君爲重。上下一德。君臣一體。無相侵之理。是爲共治之要道。今世界諸國重民權者莫英國若焉。國中四民皆仰英王如父母。君臣之間。無纖芥之嫌。去年政府舉女王即位五十年慶節。舉國歡騰。皆祈王之萬年。以至神明。忠愛之忱。淪浹於民心。未聞民權之侵害王權也。世界諸國崇君權者莫突厥若焉。箕斂頭會以貪民利。箝口結舌以禁謗言。國民視王如仇讎。寇亂數起。上下解體。彼以君權爲維持尊嚴之具。而不知啓民心渙散之漸。今以英國比突厥。其王室之崇卑相距以爲何如乎。自古一國之主。親裁萬機。權不旁落。名實兩爲天子者。唯創業垂統之君爲然。至乎中材以下。則皆以政柄委其臣下。有君權之名而無君權之實。況於庸劣之主乎。故權不歸宰輔。則歸外戚。不歸外戚則歸宦寺。不歸宦寺則歸藩鎮。君唯垂拱擁虛器耳。令宰輔爲伊周。外戚爲霍光竇武。宦寺爲張承業張永。藩鎮爲郭子儀田弘正。猶有專權之嫌。若令宰輔爲莽操卓懿。外戚爲賈充武三思。宦寺爲仇士良魏忠賢。藩鎮爲李師道朱全忠。其爲禍將不勝言矣。故其末造有繞柱而走者。有飲鴆投繯者。有比山雀者。有以世世不生天家爲禱者。以萬乘之貴。求爲匹夫而不可得也。英國儒士彌兒曰。獨裁國無愛國之人。有一人。乃其君是耳。夫獨裁專制之君。以天下爲家。宜愛其國。既愛其國。宜舉其國之賢者委以政事。今顧偏信左右。聽於佞倖。以至喪其宗祀者何也。則明有所不見。而聰有所不聞也。昔唐德宗謂李泌曰。人皆以盧杞爲姦。而朕遂不知杞之爲姦也。德宗非下材之主。猶有此言。難哉人主知人之智乎。若能以所聽於左右者聽於國中。以所選於寡者選於衆。以所分於宰輔外戚宦寺藩鎭者分於億兆。與之共治天下。何患其不治也。夫從衆君德也。雖專制獨裁之主。其初非得衆心。則無以取大位。況於發憤自强與歐美爭雄者乎。何以削君權爲介介哉。

## 養心語錄

人之生也。與憂患俱來。苟不爾。則從古聖哲。可以不出世矣。種種煩惱。皆爲我練心之助。種種危險。皆爲我練胆之助。隨處皆我之學校也。我正患無就學之地。而時時有此天造地設之學堂以餉之。不亦幸乎。我輩遇煩惱遇危險時。作如是觀。未有不洒然自得者。

凡辦事必有阻力。其事小者其阻力亦小。其事愈大其阻力亦愈大。阻力者乃由天然。非由人事也。故我輩惟當察阻力之來而排之。不可畏阻力之來而避之。譬之江河千里入海。曲折奔赴。遇有沙石則挾之而下。遇有山陵則繞越而行。要之必以至海爲究竟。辦事遇阻力者。當作如是觀。至誠所感。金石爲開。何阻力之有焉。苟畏而避之。則終無一事可辦而已。何也。天下固無無阻力之事也。

## 理想與氣力

普相士達因曰。無哲學的理想者。不足以爲英雄。無必行敢爲之氣力者。亦不足以爲英雄。日本渡邊國武述此語而引申其義曰。今人之弊。有理想者無氣力。立於人後以冷笑一世。有氣力者無理想。排他人以盲進於政界。

飲冰子曰。理想與氣力兼備者。英雄也。有理想而無氣力。猶不失為一學者。有氣力而無理想。猶不失為一冒險家。我中國四萬萬人。有理想者幾何人。有氣力者幾何人。理想氣力兼備者幾何人。嗟乎。國於天地。必有與立。一念及此。可為寒心。

## 自助論

日本中村正直者。維新之大儒也。嘗譯英國斯邁爾斯氏所著書。名曰西國立志編。又名之為自助論。其振起國民之志氣。使日本青年人人有自立自重之志氣。功不在吉田西鄉下矣。原書十三編。有序者凡七。今將其各編之序錄出。雖嘗鼎一臠。猶足令讀者起舞矣。其總論曰。

國所以有自主之權者。由於人民有自主之權。人民所以有自主之權者。由於其有自主之志行。今夫二三十家之民相團。則曰村。數村相聯。則曰縣。數縣相會。則曰郡。數郡相合。則曰國。故如曰某村風俗純實。則某村人民之言行純實者為之也。曰某縣多出貨物。則某縣人民之力農勤工者為之也。曰某郡藝文蔚興。則某郡人民之嗜學講藝者為之也。曰某國福祚昌盛。則某國人民之志行端良。克合天心者為之也。蓋總稱曰國。分言曰民。殆無二致也。試揭輿地圖而觀之。自主之國幾何。半主之國幾何。羈屬之國幾何。如印度古為自主之國。今則盡統於英矣。安南古為自主之國。今則半屬於法矣。如南洋中諸國。今莫不為西國之屬者。人或祇謂西國有英主良輔。故勢威加遠方。殊不知西國之民。勤勉忍耐。有自主之志行。不受暴君汚吏之羈制。故邦國景象。駸駸日上。蓋有不期然而然者。且不獨此也。西國之君。大用其智。則其國大亂。小用其智。則其國小亂。載在史冊。歷歷可徵。方今西國之君。不得以己意輒出一令。不得以己命輒囚繫一人。財賦之數。由民定之。軍國大事。非民人公許。不得舉行。蓋西國之君。譬則御者也。民人。譬則乘車者也。其當向何方而發。當由何路而進。固乘車者之意也。御者不過從其意施控御之術耳。故君主之權者。非其私有也。闔國民人之權。萃於其身者是已。唯然。故君主之所令者。國人之所欲行也。君主之所禁者。國人之所不欲行也。君民一體。上下同情。朝野共好。公私無別。國之所以昌盛者。其不由此歟。余尚記童子時。聞清英交兵。英屢大捷。其國有女王曰維多利亞。則驚曰。眇乎島徼。出女豪傑。乃爾堂堂滿清。反無一個是男兒耶。後讀清國圖志。有曰英俗貪而悍。尚奢嗜酒。惟技藝靈巧。當時謂爲信然。及前年遊於英都。留二載。徐察其政俗。有以知其不然。今女王不過尋常老婦。含飴弄孫耳。而百姓議會權最重。諸侯議會亞之。其被選於衆。爲民委官者。必學明行修之人也。有敬天愛人之心者也。有克己愼獨之工夫者也。多更世故。長於艱難之人也。而權詐儇薄之徒。不與焉。慢神欺心之人不與焉。酒色貨利之徒不與焉。喜功生事之人不與焉。其俗則崇尚德義。慕仁慈。守法律。好賙濟貧病者。國中所設仁善之法規。不遑殫述。姑舉其一。貧家子女所往學之學院。通計三萬有餘所。學徒二百萬人。晝間有職務者所往學之學院。名夜學院者。二千有餘所。學徒八萬人。凡此係民人公同捐銀而設者。官府不與焉。凡百之事。官府之所爲。十居其一。人民之所爲。十居其九。然而其所謂官府者。亦唯爲民人之利便而設之會所耳。如貪權勢。擅威刑之事。無有也。抑以通國之廣。人民之多。豈一無姦宄不法之徒乎。然審其大體。則稱曰政敎風俗。擅美西方可也。而魏氏之書。徒稱其貪悍尚奢嗜酒。是蓋見西國無賴之徒居東洋者。而槪言之耳。何其謬哉。余又近讀西國古今儁傑之傳記。觀其皆有自主自立之志。有艱難辛苦之行。原於敬天愛人之誠意。以能立濟世利民之大業。益有以知彼士文教昌明。名揚四海者。實由於其國人勤勉忍耐之力。而其君主不得而與也。嘗聞善馬有駕車者。不加鞭策。而自能行。不待控御。而自能馳。及御者妄引繮繩。多加撻責。而其馬扞格牴牾。頓致不能行。嗚呼。坤輿之內。何國不善。何民不良。由於御者之喜功滋事。而致不遂其性。不能存其天良者。蓋亦多哉。

## 第一編序　論邦國及人民之自助

余譯是書。客有過而問者曰。子何不譯兵書。余曰。子謂兵強則國賴以治安乎。且謂西國之強由於兵乎。是大不然。夫西國之強。由於人民篤信天道。由於人民有自主之權。由於政寬法公。拿破崙論戰曰。德行之力。十倍於身體之力。斯邁爾斯曰。國之強弱。關於人民之品行。又曰。眞實良善。爲品行之本。蓋國者。人衆相合之稱。故人人品行正。則風俗美。風俗美。則一國協和合成一體。強何足言。若國人品行未正。風俗未美。而徒汲汲乎兵事之是講。其不陷而爲好鬬嗜殺之俗者。幾希。尙何治安之可望哉。且由天理而論。則欲強之一念。大悖於正矣。何者。強者對弱之稱也。天生斯民。欲人人同受安樂。同修道德。同崇知識。同勉藝業。豈欲此強而彼弱。此優而彼劣哉。故地球萬國。當以學問文藝相交。利用厚生之道。互相資益。彼此安康。共受福祉。如此則何有乎較強弱。競優劣哉。夫人知天命之可畏。以眞實之心。行良善之事。一人如此。一家如此。一國如此。天下如此。愛日仁風。四海含驩。慈雲和氣。六合呈祥。如此則亦何有乎甲兵銃礮之用哉。古不云乎。兵者凶器。戰者危事也。仁者無敵。善戰者服上刑。一人之命。重於全地球。匹夫之善行。有關係於邦國天下者。乃以貪土地之故。使至貴至重之人命。橫罹極慘極毒之禍。其違皇天之意。負造化之恩。罪不可逭矣。西國近時大省刑罰。然獨未能全戢干戈豈其教化有未洽者耶抑宇宙泰運之期未至耶嗚呼六合之際禮教盛而兵刑廢當有日也恨余與子未及見之而已客唯唯而退遂書以弁卷首

## 第四編序 論用心之勤勉及作業之耐久

眞正學士不恥爲賤業恥之者非眞正學士眞正文人不嫌爲俗務嫌之者非眞正文人昔者趙岐賣餅於北海市中沈麟士織簾讀書手口不輟天下後世不啻不賤之而反更重之程明道僉書鎭南判官莞庫細務無不盡心屢平反重獄蘇子瞻僉書鳳翔府判官意其文人不以吏事責之子瞻盡心其職老吏畏服二公之賢於是滋見焉今之讀書者或恥以賤業治生又不屑爲俗務及不得已而賣履販繒或折腰五斗則一切束書不覯曰我無暇矣嗚呼人病無志耳果有志矣不病乎無暇也試思子瞻在鳳翔何等繁劇而是時所作如鳳翔八觀詩鍛鍊敲推亦何其綽綽有餘暇也且學問之功貴乎循序漸進經久不輟故一日不必要多時也嘗有一官謂某先生曰予職務鞅掌患讀書少暇對曰君讀書如走馬看燈雖每日二六時中一意從事積至於十年不能成業也其人怫然先生曰君每日只讀要書二三枚深思牢記十年之後必博議超衆矣旨哉言乎如茲編所載德留斯格的一爲理學名家而以造鞋爲職業一爲詩文鉅匠而畢生不廢吏務大有足砥礪後人之志行者焉予深望讀者之反覆致思也

## 第五編序 論機會及勉修藝業之事

天下之事不止千萬然察其成敗得失之機一皆決於誠僞之二字而已矣以發於國政則公私之別也以見於人品則善惡之別也以顯於學術則邪正之別也以著於工藝則巧拙之別也今夫木之大者淩霄漢戰風

雨。蒼皮黛色。千年尙新。然溯其始。則一粒種子。託根於地中而已。川之洪者。溉田野。汎艨艟。百折不絕。萬古不息。然探其源。則一道活泉。坌湧而出耳。是知種子者木之誠也。活泉者川之誠也。唯其有是誠。所以成其大物尙然。況於人乎。人苟有一片之誠存於胸中。則雖若甚微不可見。而實爲萬事之根源。可以修藝事。可以植學識。可以治民人。可以交神明。此編曰勉強忍耐。曰善乘機會。曰不忽小事。曰偶然解悟者。不一而足。是皆人之所以成其業也。然而推其本。則不外於一誠之發爲此數者而已矣。是故讀書學問者。及學工事者。當自問於己曰。果然發於誠心否。苟發於誠心矣。則自能勉強忍耐。自能善乘機會。自能不忽小事。自能偶然解悟。蓋有不期然而然者焉。呂新吾曰。才自誠出。才不出於誠。不得算個才。誠了自然有才。今人不患無才。只是討一誠字不得。斯言也。可爲世間才子頂門一針。

## 第八編序　論剛毅

或曰。泰西多出剛毅之人。蓋一由於天氣沍寒。軀幹堅實。一由於土地磽确。非勤勉不得食。余曰。此事容或有之。然其大本不在此區區者。曰。何也。曰。泰西人所以多有剛毅之行者。由於有剛毅之原質也。曰。何謂剛毅之原質。曰。慈也。信也。不觀維廉士之事乎。確信其道。愛人如己。痛苦不避。死生不易。不觀翰回沙泊之事乎。多救嬰兒之命。永脫黑奴之苦。千艱萬阻。不挫不折。必達其志而後已。蓋如此數人。肝脾骨肉毛髮爪甲。皆由慈與信而成。故此身苟存。此心不喪。欲不剛毅。奚可得乎。以是可見剛毅者。心志之力。而慈與信。實其原質也。或曰。世固有強忍有力者。亦可謂剛毅之人乎。曰。非也。如李斯呂惠卿。豈不見強忍有力者。然其所爲。不根於慈信之心。而出於嗜慾之私。故弊害所極。身喪國敗。宣尼不云乎。棖也慾。焉得剛。

第九編序 論務職事之人

或謂余曰。西國之事理大概盡於是書。余曰否。此不過一人一家之書耳。若以此爲盡其概略。則大謬。且與余譯之之意甚相徑庭矣。夫天下之事理日出而不窮。古人之所是而今人非之者有矣。今人之所是。烏知不爲後人之所非乎。古人之所不言而今人言之者有矣。今人之所不言。烏知不有後人之言之者乎。天下盡以爲非。而一人獨是之。在當時則受縲絏之辱。在後世則得泰斗之名。如加利列窩者有矣。天下之同論豈必是。而一人之異見豈必非乎。天下之所未言。而一人獨言之。在當時則見戮爲罪人。在後世則見尊爲聖人。如蘇格拉底者有矣。天下通行之說豈必是。而一人創始之論豈必非乎。是故縱擧宇宙間千百之意見識論。而猶未足以盡天下之事理。況此區區一小冊。何足以窺其萬一乎。且余所以譯是書。欲使人進而習讀西籍。謙虛其心。容受新見異說。務集衆人之智識。而不妄執一己以論斷也。乃不然。而讀此隔韡搔痒之譯書。遽以爲盡其概略。豈予心哉。或又曰。是書所說。合於孔子之旨。故可取。余曰。然則子豈謂孔子之所不言則概不足取乎。此與孔子之意悖矣。不曰子絕四。毋意毋必毋固毋我乎。不曰發憤忘食。樂以忘憂。不知老之將至乎。使孔子而生於今日。則其務聽納新見異說者果何如也。若死讀孔子之書。留滯而不化。以此規天下之事理。一言不合。駭以爲怪。如此則與孔子好學如不及之意正相反矣。夫學問之事。貴乎集衆異以備思察。濯舊見以冀新得。譬如貯書。若子擁萬卷而皆同一書也。則奚貴於多。譬如食大餐。郇廚侯鯖。五味八珍。衆異幷備。然後美於口。不然。而食前方丈。所陳唯一種物。則其同也。豈不可厭乎。掛眼鏡之紅色者。而觀物森羅萬象。莫不紅者。掛碧色者則乾坤一碧。掛黃色者則宇宙皆黃。若先執一己之見。以聽他人之論。則其所謂同。亦非其眞也。舜好察邇言。舍己從人。孔子問禮於老聃。問樂於萇弘。古人之好學。汲汲不倦。虛以受人者如此。豈若後人之先入爲主。好異同而妄相是非哉。如是書子特宜收爲萬卷中之一部可也。以此自足不可也。以此自是大不可也。或以是律他人之議論。更大不可也。天下之事理。浩如巨海。豈得以升斗之量概之哉。

## 第十一編序 論自修之事及其難易

余讀此編。始知西國所以興也。西國之民。事神敬天。利用厚生之類。其事不可一二數。而皆專心一意。死生不移。國安得不興。或曰。國之興衰。與氣數相表裏。非人力所能也。曰。不然。聖人於泰之彖釋之曰。君子道長。泰之爲卦。陰陽相半。君子之道。獨何以能長也。蓋當泰之時。氣數與陰陽不相下。然君子於我職分。自强不息。日進一日。則氣數不復足道。故曰。裁成輔相以左右民。孰謂國家之興。非人力所能哉。雖然。自非專心一意。死生不移者。安能得盡我職分。艮之上九。聖人系之曰。敦艮。西國之所以興。亦不是過已。

# 偉人訥耳遜軼事

人苟無名譽心則已。苟有名譽心。則雖有千百難事。橫於前途。以遮斷其進路。而鼓舞勇氣。終必能排除之。英之偉人訥耳遜者。五洲所共聞也。幼時與兄同在一學校。當冬季休暇終而歸校之時。與兄並轡適校。途中風雪大作。寒徹骨不可支。其兄乃約訥耳遜同歸家。見其父。父曰。歸校與否。吾聽汝等之自由。雖然。凡發念欲做一事。必做成之而後已。此大丈夫之舉動。而榮譽之事也。半塗而廢。面目掃地之事也。汝等試兩者比較。而擇所從。訥耳遜聞言。卽促兄更上歸校之途。兄猶有難色。訥耳遜厲聲曰。阿兄忘榮譽之一言乎。卒相俱以去。嗚呼。訥公其後造赫赫之偉業，轟風雲於大地，雖有器量膽略，超軼尋常，抑豈不以此名譽心旁薄而宣洩矣乎。

飲冰子曰：訥耳遜者何人乎，其人棲息於海上者三十五年，中間經大小百二十四回之戰鬬，而赫然爲世界歷史之一大人物者也。當十八世紀之末，以威如雷霆，猛如虎豹之拿破侖，蹂躪馬蹄於歐洲全土，各國之帝王將相，膝行莫敢仰視之時，而有鬼神之算，鐵石之膽，電光之手腕，訥耳遜其人者，率英國艦隊，屢決死戰於海上，卒剿滅法國及其同盟國之海軍，使不能再立，而地中海之海上權，遂全歸英國之手，至今歐洲有井水飲處，莫不知其名焉。嗚呼榮矣，人人知其榮，而抑知其冒險犯難，遇敗受挫，百折不回，萬死一生，而以易之者乎。百川學海，而至於海，或直行，或曲行，或顯流，或伏流，遇有山陵之障，則繞而避之，遇有沙石之阻，則挾而赴之，要之必奔流到海而後已，任事者可以鑒矣。

## 放棄自由之罪

西儒之言曰：天下第一大罪惡，莫甚於侵人自由，而放棄己之自由者，罪亦如之。余謂兩者比較，則放棄其自由者爲罪首，而侵人自由者乃其次也。何以言之，蓋苟天下無放棄自由之人，則必無侵人自由之人，此之所侵者，卽彼之所放棄者，非有二物也。夫物競天擇，優勝劣敗，（此二語羣學之通語，嚴侯官譯爲物競天擇，適者生存；日本譯爲生存競爭，優勝劣敗。今合兩者並用之，卽欲定以爲名詞焉。）此天演學之公例也。人人各務求自存，則務求勝，務求勝，則務爲優者，務爲優者，則擴充己之自由權而不知厭足，不知厭足，則侵人自由必矣。言自由者必曰：人人自由，而以他人之自由爲界。夫自由何以有界，譬之有兩人於此，各務求勝，各務爲優者，各擴充己之自由權而不知厭足，其力線各向外而伸張，伸張不已，而兩線相遇，而兩力各不相下。於是界出焉。故自由之有界也。自人人自由始也。苟兩人之力有一弱者。則其强者所伸張之線。必侵入於弱者之界。此必至之勢。不必諱之事也。如以爲罪乎。則宇宙間有生之物。孰不爭自存者。充己力之所能及以爭自存。可謂罪乎。夫孰使汝自安於劣。自甘於敗。不伸張力線以擴汝之界。而留此餘地以待他人之來侵也。故曰苟無放棄自由者。則必無侵人自由者。其罪之大原。自放棄者發之。而侵者因勢利導不得不强受之。以春秋例言之。則謂之罪首可也。

## 國權與民權

今天下第一等議論。豈不曰國民乎哉。言民事者。莫不瞋目切齒怒髮曰。彼歷代之民賊。束縛馳驟。磨牙吮血。以侵我民自由之權。是可忍。孰不可忍。言國事者。莫不瞋目切齒怒髮曰。彼歐美之虎狼國。耽耽逐逐。鯨吞蠶食。以侵我國自由之權。是可忍。孰不可忍。飲冰子曰。其無爾。苟我民不放棄其自由權。民賊孰得而侵之。苟我國不放棄其自由權。則虎狼國孰得而侵之。以人之能侵我。而知我國民自放自棄之罪。不可逭矣。曾不自罪。而猶罪人耶。昔法蘭西之民。自放棄其自由。於是國王侵之。貴族侵之。教徒侵之。當十八世紀之末。黯慘不復覩天日。法人一旦自悟其罪。自悔其罪。大革命起。而法民之自由權。完全無缺。以至今日。誰復能侵之者。昔日本之國。自放棄其自由權。於是白種人於交涉侵之。於利權侵之。於聲音笑貌一一侵之。當慶應明治之間。跼天蹐地於世界中。日人一旦自悟其罪。自悔其罪。維新革命起。而日本國之自由權。完全無缺。以至今日。誰復能侵之者。然則民之無權。國之無權。其罪皆在國民之放棄耳。於民賊乎何尤。於虎狼乎何尤。今之怨民賊而怒虎狼者。盍亦一旦自悟自悔而自擴張其固有之權。不授人以可侵之隙乎。不然。日日瞋目切齒怒髮胡爲者。

## 破壞主義

日本明治之初。政府新易。國論紛糅。伊藤博文。大隈重信。井上馨等。共主破壞主義。又名突飛主義。務摧倒數千年之舊物。行急激之手段。當時諸人皆居於東京之築地。一時目築地爲梁山泊云。飲冰子曰。甚矣破壞主義之不可以已也。譬之築室於瓦礫之地。將欲命匠。必先荷鍤。譬之進藥於痞痡之夫。將欲施補。必先重瀉。非經大刀闊斧。則輸倕無所效其能。非經大黃芒硝。則參苓適足速其死。歷觀近世各國之興。未有不先以破壞時代者。此一定之階級。無可逃避者也。有所顧戀。有所愛惜。終不能成。

破壞主義何以可貴。曰。凡人之情。莫不戀舊。而此戀舊之性質。實阻閡進步之一大根原也。當進步之動力既發動之時。則此性質不能遏之。雖稍參用。足以調和而不致暴亂。蓋亦未嘗無小補焉。至其未發動之時。則此性質者。可以堵其原。閼其機。而使之經數十年數百年不能進一步。蓋其可畏可恨。至於如此也。快刀斷亂麻。一拳碎黃鶴。使百千萬億蠕蠕戀舊之徒。瞠目結舌。一旦盡喪其根據之地。雖欲戀而無可戀。然後驅之以上進步之途。與天下萬國馳驟於大劇場。其庶乎其可也。

歐洲近世醫國之國手。不下數十家。吾視其方最適於今日之中國者。其惟盧梭先生之民約論乎。是方也。當前世紀及今世紀之上半。施之於歐洲全洲而效。當明治六七年至十五六年之間。施之於日本而效。今先生於歐洲與日本既已功成而身退矣。精靈未沫。吾道其東。大旗觥觥。大鼓鼟鼟。大潮洶洶。大風蓬蓬。捲土挾浪。飛沙走石雖以閃電趨以萬馬尙其來東嗚呼民約論尙其來東東方大陸文明之母神靈之宮惟今世紀地球萬國國國自主人人獨立尙餘此一土以殿諸邦此土一通時乃大同嗚呼民約論兮尙其來東大同大同兮時汝之功

## 自信力

任天下者當有自信力但其事當行者卽斷然行之囁囁嚅嚅瞻前顧後是小丈夫之所爲也日本明治初年伊藤大隈二人謀設東海道鐵路井上馨澁澤榮一以時機尙早止之不聽遽建議於太政官借洋債以興之朝議囂囂不謂然或問其辦法如何或問其工費如何伊隈二人相顧呆然不知所對乃曰其詳細章程俟諸明日退而訪前島密氏託其擬章程並作豫算表前島亦毫不知鐵路之事雖然二人固乞不已前島乃算其大概草一稿名曰橫濱京都鐵路臆測書翌日二人攜之以示於朝議遂決

當時政府之財力甚薄弱無資本以經營此等新事業又未知公債之法會英人有姓訥耳遜名里者自香港上海至日本當時東京未有西洋大客寓故寓英使館中以英使之介紹而來謁伊隈二人曰聞諸公欲設鐵路而無資力若果有所命僕當效力二人未知阿里爲何如人以爲必英國史上著名海軍提督訥耳遜（卽前篇所論者）之族也又見其寓使館中以英使之紹介而來謂必是貴族今其人肯貸金與我眞天賜也乃遽與貸一百萬磅計利九分以橫濱海關稅作抵伊藤大隈當時未知洋債之性質如何以爲必訥耳遜里以己之資本而貸之也其後倫敦泰晤士報來忽見登有告白招人購買日本公債票二人驚愕失措蓋初時以爲借金之事必祕密無人知今忽揭於新報上恐政府之守舊黨見之鬨爲賣國也乃急遣前島密上野景範二人往英國將收回借劵作罷

論。二人到倫敦則見公債票早散布已盡。而其所謂阿里者實與偉人訥耳遜毫無瓜葛。不過一經紀賣買之人耳。二人大驚。無法收回借劵。乃議出金買回已散出之債票。其事一旦傳布市上。日本公債忽每百磅騰價二三磅。不得已。仍以所借債歸。卒以成京濱鐵路。

飲冰子曰。伊藤大隈鐵路之辦法不知。鐵路之經費不知。公債之性質不知。賈人之情態不知。何其陋也。不知而貿然倡辦之。貿然訂借之。何其鹵莽也。雖然使待其一一知之然後辦之。則京濱鐵路恐無成之一日。而彼技師岸賈於此等事一一知之者何限。然其事必待成於伊隈之手。而不成於此輩。何也。有自信力也。苟信此事之不可不辦。斯辦之矣。陋也鹵莽也固可以敗事。然事事而辦之。敗者雖九。而成者猶有一矣。事事而不辦之。則並此一成者而無有焉。然則孰爲敗而孰爲成矣乎。吾記二公軼事。使人知日本赫赫如二公者。其陋也鹵莽也固如此矣。苟能有其自信力。天下事何有焉。雖千萬人吾往矣。

## 善變之豪傑

吉田松陰。初時主公武合體之論。（公者王室也武者武門也即指大將軍也當時日本通行語）其後乃專主尊王討幕。（幕府者大將軍也）非首鼠兩端也。其心爲一國之獨立起見。苟無傷於平和而可以保獨立。則無寧勿傷也。既而深察其腐敗之已極。雖欲已而無可已。乃決然衝破其羅網。摧壞其基礎。以更造之。其方法雖變。然其所以愛國者未嘗變也。加布兒。（意大利之偉人近人所譯泰西新史攬要稱爲嘉富洱者）初時入祕密黨。倡革命。下獄。其後佐撒的尼亞王爲大宰相。卒成大功。統一意國。非反覆變節也。其心爲一國之獨立起見。既主權者無可與語。不得不投身激湍以圖之。既而見撒王之可以爲善。而乘時藉勢。可以行其所志爲同胞造無量之福。故不惜改絃以應之。其方法雖變。然其所以愛國者未嘗變也。語曰。君子之過也。如日月之食焉。人皆見之。及其更也。人皆仰之。大丈夫行事磊磊落落。行吾心之所志。必求至而後已焉。若夫其方法隨時與境而變。又隨吾腦識之發達而變。百變不離其宗。但有所宗。斯變而非變矣。此乃所以磊磊落落也。

## 加布兒與諸葛孔明

偉哉加布兒。吾求諸中國數千年歷史上之豪傑。可與髣髴頡頏者。其惟諸葛孔明乎。劉備以屢敗屢陷漂泊無所依之勢。而諸葛挾之以取益州。卒成三分之局。南面稱帝。加布兒挾撒的尼亞蕞爾之小朝廷。而創意大利統一之業。其地位與時勢。皆有相若者。諸葛之遇先主。猶加布兒之遇維克杜爾王也。加布兒既相。毅然以國家安危自任。整頓內治。首理財政。興工業。盛教育。此孔明治蜀之成規。而陳壽所最稱者也。其與法國拿破侖第三相結以抗奥國。一孔明結孫權以圖魏之成算也。弱小新造之國。而欲與强國爲難。非助之外交之敏腕。不能爲功也。其使全國民皆爲兵。日日磨鍊而鼓舞之。卽孔明欲爲北征而先入南之政略也。雖然。諸葛出師未捷。齎志以亡。加布兒卒能成功。輝意大利之國威於天壤。殆諸葛之才不及加布兒耶。非也。劉備非維克杜爾王之比也。加布兒之大政略在聯法。諸葛之大政略在和吳。而劉備不能用諸葛之謀。所以敗也。凡天下一事之成。必有許多事與之相因。然後成焉。如機器然。合全機以成體。旣廢其一。則他與俱敗矣。吾讀加布兒之傳。而不能不重爲孔明悲也。抑猶有一義焉。加布兒謀意大利一統。未竟而卒。卒後而一統之業終成。諸葛謀弱漢之一統。未竟而卒。卒後而漢遂亡。此其故何歟。蜀漢之國民。又非意大利國民之比也。意大利之企畫一統者。全國之國民也。而蜀漢之企畫一統者。諸葛一人而已。凡事而專屬於一人者。此一人去而大事皆去矣。故善謀國者。必自養國民之氣。開國民之智始。

# 論强權

## 一　强權之界說

强權云者。强者之權利之義也。英語云 THE RIGHT OF THE STRONGEST 此語未經出現於東方。加藤氏譯爲今名。何云乎强者之權利。謂强者對於弱者而所施之權力也。自吾輩人類及一切生物世界。乃至無機物世界。皆此强權之所行。故得以一言蔽之曰。天下無所謂權利。只有權力而已。權力卽利也。

凡動植物世界及人類世界。當强弱二者大相懸隔之時。則强者對於弱者之權力。自不得不强大。因强大之故。自不得不暴猛。譬之獸類。虎獅其最强者。故其於弱獸任意自由而捕食之。是獅虎之權力所以大而猛也。惟强故也。於人類亦然。昔者野蠻世界。强大之民族。對於弱小之民族。其所施之權力必大而猛。又同一民族之中。强者對於弱者。其所施之權力必大而猛。不寧惟是。文明人民對於半開及野蠻之人民。其所施之權力。必大而猛。是無他故。皆自强弱之懸隔而生。强也弱也。是其因也。權力之大小。是其果也。其懸隔愈遠者。其權力愈大而猛。此實天演之公例也。

在動物至野蠻世界。其所謂强者。全屬體力之强也。至半文半野世界。（又有稱爲半開世界）所謂强者。體力與智力互相勝也。文明世界所謂强者。卽全屬知力之强也。自文明人以觀半開野蠻之人。其强者對於弱者所施權力之大而猛。實有可驚者。如酋長國王之制其人民也。貴族之制平民也。男子之制女子也。其權力所行。殆非同類相待之所宜有。是無他。其懸隔大故也。至文明人民。則治者與被治者之間。貴族與平民之間。男子與女子之間。其强弱之懸隔不甚大。以故治者對於被治者之權力。貴族對於平民。男子對於女子之權力。不得行其暴猛。漸改而就溫良。是蓋由强弱之懸隔不甚遠。其昔之所謂强者。不得任意振其權力。譬如以獅遇羊。則其權力必大至無限。以獅遇虎豹。其權力不能大至無限。然則文明之世。非治者與貴族與男子肯甘心自減殺其强者之權力也。實則被治者與平民與女子。其智力既已漸進。不復安於前此弱者之地位。而前者之强者。遂不得不變其暴猛之權力而爲溫良之權力。然則直謂前此之弱者漸出其强權。（因弱者已漸爲强故有强權）以壓制前此之强者。使不得不稍弱。殆無不可也。

由此觀之。强權有兩種。一曰大而猛者。一曰溫而良者。雖然。等之爲强權也。尋常學者。驟聞强權二字。輒以爲專屬於大而猛者。而不包有其溫而良者。此實誤也。猛大與溫良。視乎他力與本力相對之强弱。而本力所現之象。隨而異云爾。若本力之原質。則固非有異也。此吾所以統括猛大與溫良兩種之權力。而概名之爲强權也。

## 二　論强權與自由權之關係

曰强權。曰權力。聞者莫不憎而厭之。謂此乃上位施於下位無道之舉動也。人羣之蟊賊也。曰自由權。曰人權。聞者莫不愛而貴之。謂此乃人民防拒在上之壓制。當然之職分也。人羣之祥雲也。雖然。就前章界說之定義言之。而知强權與自由權。其本體必非二物也。其名雖相異。要之其所主者。在排除他力之妨礙。以得己之所欲。此則無毫釐之異者也。不過因其所遇之他力而異其狀。因以異其名云爾。彼野蠻與半開之國。統治者之知識。遠優於被治者。其駕馭被治者也甚易。故其權力勢不得不猛大。至文明國則被治者之智識。不劣於統治者。於是伸張其權力以應統治者。兩力相遇。殆將平均。於是各皆不得不出於溫良。若是者謂之自由。

昔康德氏最知此義。其言曰。統治者對於被治者。貴族對於賤族。所施之權力。卽自由權也。蓋康氏之意。以爲野蠻之國。惟統治者得有自由。古代希臘羅馬則統治者與貴族得有自由。今日之文明國則一切人民皆得有自由。又李拔爾氏之說。亦大略相同。其意謂專制國之君主。與自由國之人民。皆熱心貪望自由權者也。故自由權可謂全爲私利計耳云云。康氏李氏皆日耳曼大儒也。其論如此。可謂中時矣。要而論之。前此惟在上位者有自由權。今則在下位者亦有自由權。前此惟在上位者有强權。今則在下位者亦有强權。然則强權與自由權。決非二物昭昭然矣。若其原因。則由前此惟在上位者乃爲强者。今則在下位者亦爲强者耳。故或有見人民伸其自由權以拒壓制之强權。以爲此强弱迭代也。不知乃兩强相遇。兩權並行。因兩强相消。故兩權平等。故謂自由權與强權同一物。驟聞之似甚可駭。細思之實無可疑也。

諸君熟思此義。則知自由云者。平等云者。非如理想家所謂天生人而人人畀以自由平等之權利云也。我輩人類與動植物同。必非天特與人以自由平等也。康南海昔爲强學會序有云。天道無親。常佑强者。至哉言乎。世界之中。只有强權。別無他力。强者常制弱者。實天演之第一大公例也。然則欲得自由權者無他道焉。惟當先自求爲强者而已。欲自由其一身。不可不先强其身。欲自由其一國。不可不先强其國。强權乎。强權乎。人人腦質中不可不印此二字也。

## 三　論强權之發達

凡一切有機之生物。因其內界之遺傳。與外界之境遇。而其體質心性生强弱優劣之差。此體質互異之各物。並生存於世界中。而各謀利己。卽不得不相競爭。此自然之勢也。若是者名之爲生存競爭。因競爭之故。於是彼遺傳與境遇優而强者。遂常占勝利。劣而弱者。遂常至失敗。此亦當然之事也。若是者名之爲優勝劣敗。

生存競爭優勝劣敗。此强權之所由起也。生存競爭與天地而俱來。然則强權亦與天地俱來。固不待言。雖然。其發達之次序。亦有可言焉。在禽獸世界。其强權之所施。惟在此種屬與他之種屬之間（如虎與羊。貓與鼠之間是也）而已。若其同一種屬之間。則其强權不甚發達。野蠻人亦然。當草昧未開之時。同一人羣內之競爭而出其强權者甚稀。其始惟人類對於動植物而施其强權。其繼則此羣對於彼羣而施其强權。其後乃一羣之中之各人。甲對於乙。乙對於丙。而有强權。蓋由人羣進步發達。而生存競爭之趨向。日漸增加。而强者之權利。乃日漸加大。於何證之。如一人羣之初立。其統治者與被治者之差別。殆無有。故君主對於人民之强權。亦幾於無有。是爲第一界。亦謂之據亂世。其後差別日積日顯。而其强權亦次第發達。貴族之對於平民亦然。男子之對於婦人亦然。是爲第二界。亦謂之升平世。至世運愈進步。人智愈發達。而被治者與平民與婦人。昔之所謂弱者。亦漸有其强權。與昔之强者抗。而至於平等。使猛大之强權。變爲溫和之强權。是爲强權發達之極。則是爲第三界。亦謂之太平世。

或問曰。既已相消矣。既已平等矣。則世界無復有强權之跡。謂之爲强權消滅則可矣。謂之爲强權發達何耶。且此第三界者與第一界何以異乎。答之曰。不然。第一界之時。人人皆無强權。（惟對於他族而有之耳）故平等。第二界之時。有有强權者。有無强權者。故不平等。第三界之時。人人皆有强權。故復平等。要之以强權之有無多寡。以定其位置之高下文野百不失一如專制主義自今日視之誠爲可笑可憎然要之彼一羣之中尚有有强權者若干人則勝於前此之絕無强權者矣貴族政治神官政治亦其有權强之人日漸加增之徵驗也近世經一次革命則有强權之人必增多若干而人羣之文明必進一級前此經過者如宗敎革命政治革命皆是也今日歐洲各國有强權之人增於二百年前不知凡幾矣然則今日西人之强權發達已極乎曰未也今日資本家之對於勞力者男子之對於婦人其階級尚未去故資本家與男子之强權視勞力者與婦人尚甚遠焉故他日尚必有不可避之二事曰資生革命（日本所謂經濟革命）曰女權革命經此二革命然後人人皆有强權斯爲强權發達之極是之謂太平雖然此就一羣之中言之耳若此羣對於他羣而所施之强權之大小又必視兩羣之强權以爲差必待羣羣之强相等然後羣羣之權相等夫是謂太平之太平

## 豪傑之公腦

世界者何豪傑而已矣舍豪傑則無有世界一國雖大其同時並生之豪傑不過數十人乃至數百人止矣其餘四萬萬人皆隨此數十人若數百人之風潮而轉移奔走趨附者也此數十人若數百人能合爲一點則其力非常之大莫之與敵也若分爲數點則因其各點所占數之多寡以爲成敗比例差兩虎相鬬必有一斃夫一斃何足惜而此並時而生者只有此數十數百人而斃其半焉或斃其三之一焉則此世界之元氣既已斲喪不知幾許而世界之幸福所滅既已多矣然則求免其鬬可乎曰是必不能蓋生存競爭天下萬物之公理也既競爭則優者必勝劣者必敗此又有生以來不可避之公例也夫既曰豪傑矣則必各有其特質各有其專長各有其獨

立自由不肯依傍門戶之氣概夫孰肯舍己以從人者若是夫此數十數百之豪傑其終無合一之時乎其終始相鬬以共斃矣乎信如是也此世界之孽罪未盡劫而黑暗之運未知所終極也吾每一念及此未嘗不嘔血拊心而長欷也

合豪傑終有道乎曰有豪傑者服公理者也達時勢者也苟不服公理不達時勢則必不能廁身於此數十人數百人之列有之不足多無之不爲少也既服公理矣達時勢矣則公理與時勢卽爲聯合諸羣之媒雖有萬馬背馳之力可以鐵鏁鏈之使結不解也是故善謀國者必求得一目的適合於公理與其時勢沁之於豪傑人人之腦膜中而皆有養養然不能自已者存夫然後全國之豪傑可以歸於一點而事乃有成法國人之言自由平等也意大利人之言統一獨立也日本人之言尊王攘夷也一國之豪傑其流品不一其性情不一其遭際不一然皆風起水湧雲合霧集不謀而自同不招而自來以立於成此一目的之旗下若是者謂之豪傑之公腦豪傑有公腦則數十數百人如一人且豪傑之公腦卽國民之公腦也國民有公腦則千百億萬人如一人千百億萬人如一人天下事未有不濟者也

## 譚瀏陽遺墨

瀏陽之學出乎天天入乎人人其大端具於仁學一書我支那四千年未有之盛業不待論矣其零墨碎金散於人間者隨時裒錄之以廣其傳左三則爲同志書箑之語也其書在著仁學之後

靜觀斷念動成匠心靜觀斷念者何也業識流注念念相續惟餘般若無不能緣由此之彼因牛及馬如樹分枝

枝又成幹。忽遇崎撓。中立亭亭。懸旌無薄。是名暫斷。乘此微隙。視其如何復續。若竟不復續。意識斷矣。動成匠心者何也。道絕言思。遇識成境。境無違順。遇心成理。聞歌起樂。見泣生悲。非歌泣之足遷。有爲悲樂之主者也。然則苟變其主。必得立地改觀。所謂三界惟心。卽匠心也。

曾重伯言舟中聞槳擊水。心之知識。卽逐聲而往。槳自槳。水自水。聲自聲。心自心。何以遽相湊泊。因有悟於中陰入胎之理。余謂中陰湊泊之機。信是如此。所可懼者。非具甚深智慧。轉世之後。德業一時墜失。何其無記性也。及重思之。知識本來無記性。後境而思前境。今日而思昔日。似有記性矣。然必置此思彼而後得。非不待更端而同時並得也。然則知中識中。僅能容得一事。其餘皆謂之遺忘可也。生人知識。有體魄之可寄。尙自無有記性。復何論於憑虛無著之中陰。此成大圓鏡智者。所以無後無前無今無昔。容則並容。得則同得。一多無礙。不在兩時。

夫萬善之首必曰信。萬惡之首必曰不信。於耳目所不及接而生疑想者。是爲不信。於過去未來而生久遠想者。是爲不信。於大小長短多寡而生容積想者。是爲不信。於一念頃而自放逸者。是爲不信。於常精進而生退轉想者。是爲不信。於少有所得而生自足想者。是爲不信。於一乘中而生二想者。是爲不信。廣說雖累大萬不能盡也。譬如盲人而與說日。彼終不信。以不信故。雖佛盛神力。終無能使彼知日。

## 精神教育者自由教育也

陸羯南語任公曰。君等今熱心於教育之事。其目的所在。有不可不熟審者。勿徒謂文明之可貴而已。卽如我日本之大學。謂摹仿文明。成效卓著。但自其表面觀之則然爾。至於裏面。其腐敗有不可勝言者。當局者一依德國主義其所以爲教者則以服從政府爲之精神也遂使全國少年缺獨立自重之氣成卑汚劣下之俗夫孰知假文明之名以行焚書坑儒之術者其禍更慘於秦政十倍乎

任公瞿然曰有是哉此吾疇昔所以深慨痛恨於我中國而不意日本之猶未能免是也以日本教育之進步比諸吾中國其相去何啻千萬而日本愛國之士猶以比諸秦政之坑焚然則如吾中國者又將何擬也法國大儒孟德斯鳩曰凡半開專制君主之國其教育之目的惟在使人服從而已日本大儒福澤諭吉曰支那舊教莫重於禮樂禮者所以使人柔順屈從也樂者所以調和民間勃鬱不平之氣使之恭順於民賊之下也任公曰此二氏之言然耶否耶我國民試一自省之嗚呼亡天下者豈必八股豈必楷法豈必考據豈必詞章苟無精神雖日手西書口西法其腐敗天下自速滅亡或更有甚焉耳

中國自數年以來學校之議蜂起或官立或私立各省所在多有雖然吾不知其所以設校之意將以智之乎抑以愚之乎將欲養之使爲國家禦侮之用乎抑將爲此伈伈俔俔謀他日衣食富貴之路乎彼設校者豈不曰吾將智之使爲國家禦侮之用也雖然吾見彼入學者日益以愚而叩其來學之心有不爲他日一身之衣食富貴而來者殆萬中不得其一也以此言之學堂其有愈於書院乎西學其有愈於八股乎吾烏從而言之

凡一統專制之國值承平無事之時但求輯和其民使無反側而政府之能事畢矣若是者以服從爲教可也若夫處於萬馬奔逸萬流激湍鬬智鬬力之世界立於千鈞一髮孤注一擲累卵岌岌之地位非濬一國之智鼓一國之力則奄奄殘喘豈復有救夫所以濬之鼓之之具何也自由是也自由者精神發生之原力也嗚呼日本之國家教育尙未克語於此吾於中國更何責焉

雖然。以日本之教育。於泰西文明之事物。幾於具體。而微。而有識之士。其憂之也。猶且如是。況吾中國者。固無精神。並無形質。而舉世所謂志士者。以此不完不具無可比擬之事。以相夸耀。若以此爲盡我維新之天職者然。彼靡靡肉食者。自甘爲奴隸。又欲奴隸我民。固不足責矣。顧我國民其終不悟耶。其終不悟耶。

## 祈戰死

冬臘之間。日本兵營士卒。休憩瓜代之時。余偶信步游上野。滿街紅白之標幟相接。有題曰歡迎某師團步兵某君。某隊騎兵某君者。有題曰送某步兵某君。某礮兵某君入營者。蓋兵卒入營出營之時。親友宗族相與迎送之以爲光寵者也。大率每一兵多者十餘標。少者亦四五標。其本人服兵服。昂然行於道。標則先後之。親友宗族從之者。率數十人。其爲榮耀則雖我中國入學中舉簪花時不是過也。其標上僅書歡迎某君送某君等字樣。無甚讚頌祝禱之語。余於就中見二三標。乃送入營者。題曰祈戰死三字。余見之矍然肅然。流連而不能去。

日本國俗與中國國俗有大相異者一端。曰尚武與右文是也。中國歷代詩歌皆言從軍苦。日本之詩歌無不言從軍樂。吾嘗見甲午乙未間。日本報章所載贈人從軍詩。皆祝其勿生還者也。杜甫兵車行。車轔轔。馬蕭蕭。行人弓箭各在腰。爺娘妻子走相送。塵埃不見咸陽橋。牽衣頓足攔道哭。哭聲直上干雲霄。以視此標上所謂祈戰死者。何相反之甚耶。

## 中國魂安在乎

日本人之恆言。有所謂日本魂者。有所謂武士道者。又曰日本魂者何。武士道是也。日本之所以能立國維新。果以是也。吾因之以求我所謂中國魂者。皇皇然大索之於四百餘州。而杳不可得。吁嗟乎傷哉。天下豈有無魂之國哉。吾爲此懼。

或曰。尚武之風。由激厲而成也。朝廷以此爲榮途。民間以此爲習慣。於是武士道出焉。吾中國向來薄視軍士。其兵卒不啻奴隸。則謂從軍苦也固宜。自由主人曰。此固一義也。然猶有未盡者。尚武之風。由人民之愛國心與自愛心。兩者和合而成也。人人皆有性命財產。國家之設兵以保人人之性命財產。故民之爲兵者。不啻各自爲其性命財產而戰也。以此爲戰。戰猶不勇者。未之聞也。不觀兩鄉之械鬭者乎。其子弟相率衝鋒陷陣。其老弱相率饋飲食。雖欲禁之而不能焉。彼固各自爲其剝膚之利害與切己之榮辱也。故吾觀於械鬭。而知吾中國所謂武士道之種子在於是矣。

今中國之有兵也。所以鈐制其民也。奪民之性命財產。私爲己有。懼民之知之而復之也。於是乎有兵。故政府之視民也如盜賊。民之視政府亦如盜賊。兵之待民也如草芥。民之待兵也亦如草芥。似此者。雖日日激厲之。奬榮之以求成所謂武士道者。必不可得矣。爾來當道者。知兵之不可以已也。相率而講之練之。奬之勸之。榮祿張之洞之徒則其人也。吾見其每年糜數千萬之餉。而兵之不可用如故也。何也。方且相視以盜賊。相待以草芥。雖欲振之。孰從而振之。夫是之謂無魂之兵。無魂之兵者。猶無兵也。

今日所最要者。則製造中國魂是也。中國魂者何。兵魂是也。有有魂之兵。斯爲有魂之國。夫所謂愛國心與自愛心者。則兵之魂也。而將欲製造之。則不可無其藥料與其機器。人民以國家爲己之國家。則製造國魂之藥料也。

使國家成爲人民之國家。則製造國魂之機器也。

## 答客難

客難任公曰。子非祖述春秋無義戰。墨子非攻之學者乎。今之言何其不類也。任公曰。有世界主義。有國家主義。無義戰非攻者。世界主義也。尚武敵愾者。國家主義也。世界主義。屬於理想。國家主義。屬於事實。世界主義。屬於將來。國家主義。屬於現在。今中國岌岌不可終日。非我輩談將來道理想之時矣。故坐吾前此以淸談誤國之罪。所不敢辭也。謂吾今日思想退步。亦不敢辭也。謹謝客。

抑吾中國人之國家主義。則雖謂之世界主義可也。何也。今日世界之事。無有大於中國之强弱興亡者。天下萬國大政治家所來往於胸中之第一大問題。卽支那問題是也。故支那問題卽不啻世界問題。支那人言國家主義。卽不啻言世界主義。然則吾今日之思想決非退步也。謹謝客。

不寧惟是。吾之所言兵。與榮祿張之洞所言兵。有大異之點。彼所言者。民賊之兵也。吾所言者。國民之兵也。民賊之兵足以亡國。國民之兵足以興國。吾特謂興國之兵之不可以已云爾。若夫亡國之兵。則吾之惡之如故也。與吾前數年所論實無矛盾。謹謝客。

## 憂國與愛國

有憂國者。有愛國者。愛國者語憂國者曰。汝曷爲好言國民之所短。曰。吾惟憂之之故。憂國者語愛國者曰。汝曷爲好言國民之所長曰吾惟愛之之故憂國之言使人作憤激之氣愛國之言使人厲進取之心此其所長也憂國之言使人墮頹放之志愛國之言使人生保守之思此其所短也朱子曰教學者如扶醉人扶得東來西又倒用之不得其當雖善言亦足以誤天下爲報館主筆者於此中消息不可不留意焉今天下之可憂者莫中國若天下之可愛者亦莫中國若吾愈益憂之則愈益愛之愈益愛之則愈益憂之既欲哭之又欲歌之吾哭矣誰歟踊者吾歌矣誰歟和者

日本青年有問任公者曰支那人皆視歐人如蛇蝎雖有識之士亦不免雖公亦不免何也任公曰視歐人如蛇蝎者惟昔爲然耳今則反是視歐人如神明崇之拜之獻媚之乞憐之若是者比比皆然而號稱有識之士者益甚昔惟人人以爲蛇蝎吾故不敢不言其可愛今惟人人以爲神明吾故不敢不言其可嫉若語其實則歐人非神明非蛇蝎亦神明亦蛇蝎卽神明卽蛇蝎雖然此不過就客觀的言之耳若自主觀的言之則我中國苟能自立也神明將奈何蛇蝎又將奈何苟不能自立也非神明將奈何非蛇蝎又將奈何

## 保全支那

歐人日本人動曰保全支那吾生平最不喜聞此言支那而須藉他人之保全也則必不能保全支那而可以保全也則必不藉他人之保全

言保全人者是謂侵人自由望人之保全我者是謂放棄自由

或問曰孟子者中國民權之鼻祖也敢問孟子所言民政與今日泰西學者所言民政同乎異乎曰異哉異哉孟

子所言民政者謂保民也牧民也故曰若保赤子曰天生民而立之君使司牧之保民者以民爲嬰也牧民者以民爲畜也故謂之保赤政體又謂之牧羊政體以保牧民者比之於暴民者其手段與用心雖不同然其爲侵民自由權則一也民也者貴獨立者也重權利者也非可以干預者也惟國亦然曰保全支那者何以異是

## 傳播文明三利器

犬養木堂語余曰日本維新以來文明普及之法有三一曰學校二曰報紙三曰演說大抵國民識字多者當利用報紙國民識字少者當利用演說日本演說之風創於福澤諭吉氏（案福澤氏日本西學第一之先鋒也今尙生存爲一時之泰斗）在其所設之慶應義塾開之當時目爲怪物云此後有嚶鳴社者專以演說爲事風氣既開今日凡有集會無不演說者矣雖至數人相集讌飮亦必有起演者斯實助文明進化一大力也我中國近年以來於學校報紙之利益多有知之者於演說之利益則知者極鮮去年湖南之南學會京師之保國會皆西人演說會之意也湖南風氣驟進實賴此力惜行之未久而遂廢也今日有志之士仍當著力於是

自强學會之後三年以來各省倡立會名者所在皆是可謂極一時之盛然不知外國人所謂會者有種種之類別故將學會與政黨與協會與演說會混而爲一因宗旨不定條理錯雜故辦之難有成效而守舊娼嫉之徒又視之與祕密結社同類故一舉而芟薙之矣實則此數者之間自有絕異之形式一望可分識者中國此風正在萌芽亦無怪其然也

於日本維新之運有大功者小說亦其一端也明治十五六年間民權自由之聲徧滿國中於是西洋小說中言

法國羅馬革命之事者陸續譯出有題爲自由者有題爲自由之燈者次第登於新報中自是譯泰西小說者日新月盛其最著者則織田純一郎氏之花柳春話關直彥氏之春鶯囀藤田鳴鶴氏之繫思談春窗綺話梅蕾餘薰經世偉觀等其原書多英國近代歷史小說家之作也翻譯既盛而政治小說之著述亦漸起如柴東海之佳人奇遇末廣鐵腸之花間鶯雪中梅藤田鳴鶴之文明東漸史矢野龍溪之經國美談（矢野氏今爲中國公使日本文學界之泰斗進步黨之魁傑也）等著書之人皆一時之大政論家寄託書中之人物以寫自己之政見固不得專以小說目之而其浸潤於國民腦質最有效力者則經國美談佳人奇遇兩書爲最云嗚呼吾安所得如施耐菴其人者日夕促膝對坐相與指天畫地雌黃今古吐納歐亞出其胸中所懷磈礧磅礴錯綜繁雜者而一一鎔鑄之以質於天下健者哉

## 傀儡說

優孟之場有所謂傀儡者焉其奏伎也設帷以蔽場帷之上有似人形者官體畢肖衣服畢備有人居帷下傞傞焉持而舞之啁哳焉爲之歌此劇場中最劣下而最曖昧者也人而傀儡時曰不人國而傀儡時曰不國哀時客曰嗚呼夫何使我國至於此極也八月六日以後聖主幽廢國既無君然錄京鈔則仍曰恭奉上諭上奏摺則仍曰皇上聖鑒我皇上口之所言不能如其心身之所行不能以自主然而引見召見朝儀依然如絲如綸王言仍舊是西后以皇上爲傀儡也西后不過一婦人所耽者娛樂耳非必篡位幽主然後快於心也榮祿蓄異志覬非常憚於動天下之兵乃借后勢以箝人口其實所頒僞詔未必皆西后之言所行暴政未必盡西后之意榮祿自積操莽之威而西后代任牛馬之勞是榮祿以西后爲傀儡也俄人以甘言噢咻舊黨嗾之使糜爛其民助之使

斲喪其國。彼等有恃無恐。頑固之氣益壯。革新之機益絕。迨於魚爛已極。而俄人坐收漁人之利。自尋斧柯。爲人驅除。是俄人以中國政府爲傀儡也。嗚呼。國之不振。誰不得而侮之。今之以我爲傀儡者。豈獨一國而已。全國關稅握於人手。關道關督。一傀儡也。全國鐵路握於人手。鐵路大臣鐵路公司。一傀儡也。全國礦務握於人手。礦務大臣。一傀儡也。沿江釐金握於人手。委員。一傀儡也。洋操訓練握於人手。將弁。一傀儡也。無端而膠州割。無端而旅大割。無端而威海廣灣割。無端而海門灣又將割。土地之權。一傀儡也。一言而劉秉璋免。一言而李秉衡黜。一言而董福祥退。用人之權。一傀儡也。嗟夫。今之滅國者與古異。古者滅人國。則瀦其宮。虜其君。今也不然。傀儡其君。傀儡其吏。傀儡其民。傀儡其國。英人之滅印度。土酋世其職者尚百數十年。傀儡其土酋也。六國之脅突厥。突厥之政府不廢。傀儡其政府也。埃及傀儡於英。越南傀儡於法。高麗傀儡於俄。中國者傀儡之頑而碩者也。一人之力不足以舉之。則相率而共傀儡之。此蚩蚩者猶曰我國尚存我國尚存。而豈知彼耽耽者已落其實。而取其材。吸其精而盬其腦。官體雖具。衣冠雖備。豈得目之曰人也哉。嗟呼。必自傀儡。然後人傀儡之。中國之傀儡固已久矣。及今不思自救。猶復傀儡其君。傀儡其民。竭忠盡謀。爲他人效死力。於是我二萬方里之地。竟將爲一大傀儡場矣。夫目人以傀儡。未有不色然怒者。今坐視君父之傀儡於奸賊。國土之傀儡於强鄰。還顧我躬。亦已成一似人形而偨偨於帷間者。此之不羞。此之不憤。尚得爲有人心哉。尚得爲有人心哉。

## 動物談

梁啓超隱几而臥。鄰室有甲乙丙丁四人者。呫呫爲動物談。乃傾耳而聽之。甲曰。吾昔游日本之北海道。與捕鯨者爲伍。鯨之體不知其若干里也。其背之凸者。暴露於海面。而積且方三里。捕鯨者刳其背以爲居。食於斯。寢於斯。日割其肉以爲膳。夜然其油以爲燭。如是者殆五六家焉。此外魚蝦鼈虫貝蛤緣之喙之者。又不下千計。而彼鯨者冥然不自知。以游以泳。偃然自以爲海王也。余語漁者。是惟大故。故且旦伐之。而曾無所於損。是將與北海比壽哉。漁者語余。是惟無腦氣筋故。故且旦伐之。而曾無所於覺。是不及五日。將陳於吾肆矣。乙曰。吾昔游意大利。意大利之歷啤多山。有巨壑。厥名曰兀孑。壑黑暗。不通天日。有積水方十數里。其中有盲魚孳乳充斥。生物學大儒達爾文氏解之曰。此魚之種。非生而盲者。蓋其壑之地。本與外湖相連。後因火山迸裂。坼而爲壑。溝絕而不通。其湖魚之生於壑中者。因黑暗之故。目力無所用。其性質傳於子孫。日積日遠。其目遂廢。自十數年前。以開礦故。湖壑之界忽通。盲魚與不盲者復相雜處。生存競爭之力。不足以相敵。盲種殆將絕矣。丙曰。吾昔游於巴黎之市。有屠羊爲業者。其屠羊也。不以刀俎。不以苙縛。置電機。以電氣吸羣羊。羊一一自入於機之此端。少頃自彼端出。則已伐毛洗髓。批窾析理。頭胃皮肉骨角。分類而列於機矣。旁觀者無不爲羣羊憐。而彼羊者。前追後逐。雍容雅步。以入於機。意甚自得。不知其死期之已至也。丁曰。吾昔游倫敦。倫敦博物院。有人製之怪物焉。狀若獅子。然偃臥無生動氣。或語余曰。子無輕視此物。其內有機焉。一撥捩之。則張牙舞爪。以搏以噬。千人之力。未之敵也。余詢其名。其人曰。英語謂之佛蘭金仙。昔支那公使曾侯紀澤。譯其名謂之睡獅。又謂之先睡後醒之巨物。余試撥其機。則動力未發。而機忽坼。螫吾手焉。蓋其機廢置已久。既就銹蝕。而又有他物梗之者。非更易新機。則此佛蘭金仙者。將長睡不醒矣。惜哉。梁啓超歷歷備聞其言。默然以思。愀然以悲。瞿然以興。曰。嗚呼。是可以爲我四萬萬人告矣。

# 惟心

境者心造也。一切物境皆虛幻。惟心所造之境爲眞實。同一月夜也。瓊筵羽觴。清歌妙舞。繡簾半開。素手相攜。則有餘樂。勞人思婦。對影獨坐。促織鳴壁。楓葉繞船。則有餘悲。同一風雨也。三兩知己。圍爐茅屋。談今道故。飲酒擊劍。則有餘興。獨客遠行。馬頭郎當。峭寒侵肌。流潦妨轂。則有餘悶。『月上柳梢頭。人約黃昏後』與『杜宇聲聲不忍聞。欲黃昏雨打梨花深閉門』同一黃昏也。而一爲歡憨。一爲愁慘。其境絕異。『桃花流水杳然去。別有天地非人間』與『人面不知何處去。桃花依舊笑春風』同一桃花也。而一爲清淨。一爲愛戀。其境絕異。『舳艫千里。旌旗蔽空。釃酒臨江。橫槊賦詩』與『潯陽江頭夜送客。楓葉荻花秋瑟瑟。主人下馬客在船。舉酒欲飲無管絃』同一江也。同一舟也。同一酒也。而一爲雄壯。一爲冷落。其境絕異。然則天下豈有物境哉。但有心境而已。戴綠眼鏡者所見物一切皆綠。戴黃眼鏡者所見物一切皆黃。口含黃連者所食物一切皆苦。口含蜜飴者所食物一切皆甜。一切物果綠耶。果黃耶。果苦耶。果甜耶。一切物非綠非黃非苦非甜。一切物亦綠亦黃亦苦亦甜。一切物卽綠卽黃卽苦卽甜。然則綠也黃也苦也甜也。其分別不在物而在我。故曰三界惟心。

有二僧因風颺刹幡。相與對論。一僧曰風動。一僧曰幡動。往復辨難無所決。六祖大師曰。非風動。非幡動。仁者心自動。任公曰。三界惟心之眞理。此一語道破矣。天地間之物一而萬。萬而一者也。山自山。川自川。春自春。秋自秋。風自風。月自月。花自花。鳥自鳥。萬古不變。無地不同。然有百人於此。同受此山此川此春此秋此風此月此花此鳥之感觸。而其心境所現者百焉。千人同受此感觸。而其心境所現者千焉。億萬人乃至無量數人同受此感觸。

而其心境所現者億萬焉。乃至無量數焉。然則欲言物境之果爲何狀。將誰氏之從乎。仁者見之謂之仁。智者見之謂之智。憂者見之謂之憂。樂者見之謂之樂。吾之所見者。卽吾所受之境之眞實相也。故曰惟心所造之境爲眞實。

然則欲講養心之學者。可以知所從事矣。三家村學究得一第。則驚喜失度。自世胄子弟視之何有焉。乞兒獲百金於路。則挾持以驕人。自富豪家視之何有焉。飛彈掠面而過。常人變色。自百戰老將視之何有焉。一簞食一瓢飮在陋巷。人不堪其憂。自有道之士視之何有焉。天下之境。無一非可樂可憂可驚可喜者。實無一可樂可憂可驚可喜者。樂之憂之驚之喜之。全在人心。所謂天下本無事。庸人自擾之。境則一也。而我忽然而樂。忽然而憂。無端而驚。無端而喜。果胡爲者。如蠅見紙窗而競鑽。如貓捕樹影而跳擲。如犬聞風聲而狂吠。擾擾焉送一生於驚喜憂樂之中。果胡爲者。若是者謂之知有物而不知有我。知有物而不知有我。謂之我爲物役。亦名曰心中之奴隸。

是以豪傑之士。無大驚。無大喜。無大苦。無大樂。無大憂。無大懼。其所以能如此者。豈有他術哉。亦明三界唯心之眞理而已。除心中之奴隸而已。苟知此義。則人人皆可以爲豪傑。

## 慧觀

同一書也。考據家讀之。所觸者無一非考據之材料。詞章家讀之。所觸者無一非詞章之材料。好作燈謎酒令之人讀之。所觸者無一非燈謎酒令之材料。經世家讀之。所觸者無一非經世之材料。同一社會也。卽人羣商賈家入之所遇者無一非錙銖什一之人。江湖名士入之所遇者無一非咬文嚼字之人。求宦達者入之所遇者無一非諂上淩下衣冠優孟之人。懷不平者入之所遇者無一非隴畔輟耕東門倚嘯之人。各自占一世界而各自謂世界之大已盡於是。此外千形萬態非所見也非所聞也。昔有白晝攫金於齊市者。吏捕而詰之曰衆目共視之地。汝攫金不畏人耶。其人曰吾彼時只見有金不見有人。夫一市之人之多非若秋毫之末之難察也而攫金者不知之此其故何哉。昔有傭一蠢僕執爨役者。使購求食物於市。歸而曰市中無食物。主人曰嘻魚也豕肉也芥也薑也何一不可食者。於是僕適市購輒得之。既而亙一月朝朝夕夕所食者皆魚也豕肉也芥也薑也。主人曰嘻盍易他味。僕曰市中除魚與豕肉與芥與薑之外無有他物。夫一市之物之多非若水中微蟲必待顯微鏡然後能覩者。而蠢僕不知之。此其故何哉。

任公曰。吾觀世人所謂智者。其所見與彼之攫金人與此之蠢僕相去幾何矣。李白杜甫滿地。而衣襏襫攜鋤犂者必不知之。計然范蠡滿地。而摩禹行效舜趨者必不知之。陳涉吳廣滿地。而饗五鼎鳴八騶者必不知之。其不知也則直謂世界中無有此等人也。雖日日以此等人環集於其旁。而彼之視爲無有固自若也。不此之笑而惟笑彼之攫金者與此之蠢僕。何其蔽歟。

人誰不見萍果之墜地。而因以悟重力之原理者。惟有一奈端。人誰不見沸水之騰氣。而因以悟汽機之作用者。惟有一瓦特。人誰不見海藻之漂岸。而因以覓得新大陸者。惟有一哥侖布。人誰不見男女之戀愛。而因以看取人情之大動機者。惟有一瑟士丕亞。無名之野花。田夫刈之。牧童蹈之。而窩兒哲窩士於此中見造化之微妙焉。海灘之殭石。漁者所淘餘。潮雨所狼藉。而達爾文於此中悟進化之大理焉。故學莫要於善觀。善觀者觀滴水而知大海。觀一指而知全身。不以其所已知蔽其所未知。而常以其所已知推其所未知。是之謂慧觀。

## 無名之英雄

日本德富蘇峯所著靜思餘錄中有文一篇。題曰無名之英雄者。余甚愛之。今摘譯一二以實我自由書。其文曰。

余今尚記憶。余兒時常伴親屬出鄉赴熊本。於其途間忽見巍城聳空。有睥睨天地之概。余驚喜欲狂。當時余惟知其高大耳。問其何以高大之由。不能知也。

余今尚記憶。余昔在學校。愛英雄。仰英雄。夢英雄。心醉英雄。當時余惟信英雄之爲英雄耳。問英雄之何以得爲英雄。不能知也。

嗟乎。余乃今始有所悟。彼一片之石雖大。不足以築高城。一個之人物雖偉。不足以爲英雄。使高城如彼其高者。有無名之礎石爲之也。使英雄如彼其大者。有無名之英雄爲之也。爾勿以英雄之事業爲一人一個之事業。又豈直事業而已。卽彼英雄之自身亦非一人一個所得而成也。城樓之聳於霄。據樓下無數之礎石而聳。彼高城者。代表此無名之礎石云爾。英雄之秀出世界。賴無數絕不知名之英雄而秀。彼英雄者。代表此無名之英雄云爾。

華盛頓英雄也。使彼爲宇宙一閑人。果能成就十三州之獨立乎。格林宅英雄也。使彼不在於淸敎徒之社會。果能奏英國革命之績乎。路得英雄也。使彼不立於十六世紀歐洲之中心。則宗敎之改革。果成於彼之手乎。是決不可。是故華盛頓之下。有無名之華盛頓無量數焉。格林宅之下。有無名之格林宅無量數焉。路得之下。

有無名之路得無量數焉。彼英雄者。恰如金剛石。看來雖僅一塊。分析之則實由多數之同質同角度同分子的阿屯體而成者也。人孰不曰造天下者英雄也。雖然造英雄者誰乎。若以彼英雄爲世界之恩人。然則英雄之恩人誰乎。曰是非賴此無名之英雄不可。

有一英雄。必有一無名之英雄扛而負之。有一無名之英雄。又必有他無名之英雄扛而負之。譬之一水車之大輪。必與他之小輪合力而動。而動此大小車輪之水勢。又自何處來乎。今日洶洶轉磨千萬匹馬力之水。卽昨日深山幽谷中流觴咽石游魚淸淺之水也。由此觀之。世界之運動。眞不可思議。其運動者在於此處。而運動此運動者。却在於彼處。然則世界之大動機。果在何處乎。吾知其在於世界。而不知其在於世界之何處。彼之聳立於世界上。而建大旗擂大鼓。捉大風弄大潮者。皆所謂有名之英雄也。若無名之英雄何有焉。彼無名者非惟人不知我。卽我亦不自知。夫是之謂眞無名。

不觀爾懷中之時辰表乎。自外面觀之。不過長短二針。轉去轉來。其簡單也如彼。自裏面窺之。則有如毛髮之螺線。如比櫛之小輪。其繁雜也如此。世界運動之機關。亦若是焉耳。

立於表面者。不過二三之英雄。雖然世界之事業。卽英雄之事業也。英雄者不過其長短二針而已。若論事業爲英雄獨力所能至。是無異謂時表爲長短針獨力所能行。不亦傎乎。夫彼之造英雄運動英雄者。卽隱於世界中之農夫、職工、役人、商賈、兵卒、小學教師、老翁、寡婦、孤兒等。恆河沙數之無名英雄也。彼等固非欲驅使英雄。雖然。世之英雄。未有不甘心下氣俯首而願受其驅使者。莫或爲之若或致之。所謂無冠之皇帝。非此輩而誰。

嗟乎。彼等者國之生命也。世之光也。平和之泉也。福之源也。世界之大恩人也。世若有愛英雄之人。請先愛此無名之英雄。若有欲頂禮於英雄腳下之人。請先頂禮此無名英雄之腳下。若有望英雄出世之人。請先望此無名英雄之出世。豈不聞一株之樹。雖大不足以成森林。一片之石。雖崇不足以爲山岳。無名之英雄。眞英雄哉。

飲冰子曰。德富氏此論。所謂時勢造英雄之說也。今日中國之所以不振。患在無英雄。此義人人能知之能言之。而所以無英雄之故。患在無無名之英雄。此義則能知之能言之者蓋寡矣。夫我中國今日果有英雄乎。無英雄乎。吾不得而斷之。寖假有一二之英雄焉。有三數之英雄焉。而全國之人能許其卒成英雄與否。非吾之所敢言也。譬之一軍於此。其能成大功者。繫乎將帥。然使將帥能成大功者。又繫乎兵卒。雖以拿破侖惠靈呑之能。而使之率中國之綠營防勇。吾知其必無能爲役也。一軍如是。一國亦何莫不然。國也者。非一二人之國。千萬人之國也。國事也者。非一二人之事。千萬人之事也。以一國之人治一國之事。事罔不治。若欲以一二人而治一國之事。其餘千萬人皆委之而去。或從而掎齕之。雖聖賢未有能治者也。世有望治者乎。願勿望諸一二人。而望諸千萬人。質而言之。卽勿望諸他人。而望諸自己云爾。勿曰我不能爲英雄。我雖不能爲有名之英雄。未必不能爲無名之英雄。天下人人皆爲無名之英雄。則有名之英雄。必於是出焉矣。

雖然。時勢固造英雄。英雄亦造時勢。助將帥之成功者兵卒也。而訓練此兵卒。使能爲我助者。又在將帥也。世有欲爲英雄者乎。盍先用力以造出此無名之英雄哉。

## 志士箴言

一昨讀某報有文一首題曰志士箴言吾讀之肅然正襟流汗浹背深自媿抑不敢不自勵也因亟寫一通置諸座右並以諗我同志咸使自媿自勵以冀不負作者棒喝之苦心焉原稿自隱姓名秋水蒹葭徒使我想望不盡惆悵何極若作者不以某爲不可敎而辱覬之請惠一短簡自述蹤跡許其納交是又某之所願望也謹錄其文曰

天下事至易莫如死一得其死則萬世有生氣矣天下事至難莫如死一言及死則盡人有餒心矣今設執四萬萬人以問之果有死而復死者乎無有也又試執四萬萬人以問之果有終至不死者乎無有也然則此呱呱墜地之時卽有渺渺還卒之日夢夢數十寒暑間爲聖賢爲豪傑爲庸愚爲汚賤爲大奸巨滑爲志士仁人無不同歸於盡但其所以盡而不盡與盡而卽盡直至與恆河沙數同作野馬也塵埃也蛻此臭皮囊還諸大地而大地之中遂永不知有是人也此其中非有他故也人人有必死之日而人人偏有畏死之心終日僥倖於有生不死而絕不思夫雖死猶生以故生則未可知而死則竟死平心而論留此數十年枉立天地有憾生成無稱孫子之身以朝斯夕斯饘斯粥斯直待老病死疾以至泯然澌滅並其形影姓名槪歸諸無何有之鄉曠漠之野自顧與朝菌蟪蛄爲伍則亦無事深論矣儼然以覺世救民開化進步之豪傑自命乃於生死之故尚不洞明一遇疾風板蕩而卽局促如轅駒無聲如反舌低眉如菩薩衰頽如屈子卽有百鍊之鋼竟化爲繞指之柔荊軻之氣亦變作舞陽之面彼其人者豈眞易其素志悔其初心而大失本來之面目哉毋亦曰畏死之情勝遂不惜屈心抑志遵時養晦以待天日重見風雲復會而留身命以有待耳嗟乎成則任掀天動地之美名敗則惟天昏地黑之坐視脫令大局終窮長此終古其將佯狂以沒世歟抑別立功名以自見歟姓名雖

未樹黨人之碑。罪名已入爰書之劵。發迹飛騰之有日。終必與刀鋸褫革爲緣。今之所謂志士仁人其終窮也必矣。與其除著作等身垂空文以自見外。別無可傳可法之名。何若行吾初服再起而爲四百兆同胞力爭身家性命之大權。不濟則以死繼之。一死不足則羣起而引頸就之。剖心明之。但使令天下萬世咸知爲吾種吾敎起見。而並非爲一身之富貴利達計。則今日以身命爲犧牲之人。必他年享犧牲而永不死之人也。況各國文明之治。無不從流血而成。有志者類能言之。今以四萬萬人。喪元者不過六人。流血者不及十步。乃欲翻數千年之舊根。振二十一省之新象。竊恐死者爲其易而易者自易。生者爲其難而難者終難耳。東南數省。熱心時變者。號稱數萬人。若爲茅焦。若爲豫讓。若爲劉章。若爲敬業。若爲聶政。若爲朱亥。若爲鐵鉉。若爲景淸。若爲朱雲。若爲陳東。爭之。抗之。摧之。撼之。挾之。聲罪而致討之。一波未平。一波復起。前者伏誅。後者執簡。缺彼棄市之刀。而再接再厲。叢疊藁街之首。而亦步亦趨。彼黨雖素稱極頑極固極狠極兇。而其下手愈辣者。人心愈不平。人心愈不平。則天下莫不欲飲刃於其腹。此日本長野君所謂舍身命以作犧牲。卽忠之謂也。勇之謂也。今以忠君自命勇於變法之人。而卽未盡其忠。未見其勇。若此爲程嬰者旣難其人。爲杵臼者豈易償其志也。昔張巡被執謂南霽雲曰。南八男兒死耳。不可爲不義屈。每誦斯言。未嘗不凜凜有生氣。謂其得死所而絕無餒心矣。今一摧敗而卽羣焉皆餒。莫敢再興。天下事寧有轉機乎。嗟嗟。生遇聖明。不才見棄。德行不登。諸里巷姓名未達乎天聽。引鏡窺形。頭顱空負。乃欲以仰首伸眉。論列是非。固已自慚不類耳。而復以不諒之意。妄惋惜乎豪傑有志之流。嗚呼。不重滋之戚歟。

朝從屠沽游。夕拉騶卒飲。此意不可道。有若茹大鯁。傳聞智勇人。驚心自鞭影。蹉跎復蹉跎。黃金滿虛牝。匣中龍光劍一鳴四壁靜夜夜輒一鳴負汝汝難忍出門何茫茫天心牖其逞既窺豫讓橋復瞰軹深井長跪奠一巵風雲撲人冷此龔自珍氏之詩也吾錄志士箴言已感慨終夕更錄此以寫我心

## 天下無價之物

西諺曰『天謂衆生曰一切物皆以畀汝但汝須出其價錢』可謂至言

任公乃自呵曰革新者天下之偉業也汝欲就此偉業而可以無價得之乎糴一斗之粟尚須若干之價值捕一尾之魚尚須若干之苦勞汝視邦家革新之大事其所值曾一斗粟一尾魚之不若乎噫

## 舌下無英雄筆底無奇士

吾之愛友韓孔菴有詩曰慶忌焚七族要離沈妻子人生苟虛生不如其死矣舉目覽八荒誰爲眞男子舌下無英雄筆底無奇士吾每誦其言

乃復自呵曰汝儼然爲此四百兆神明種族之一人汝之責任何在乎今日之世界何鐵血世界也而可以筆舌了汝責任乎汝以筆舌浪竊虛名汝有何功德於世界而靦然被人呼汝爲先覺乎虛名日高一日則責任日重一日而汝曾不自知乎筆乎舌乎其遂斷送汝一生乎噫

嗚呼蹉跎髀肉驚中歲之催人如此頭顱求天涯之善價志士乎志士乎胡不自箴

## 世界最小之民主國

國於世界之兩半球者。其數何限。雖然。有龎然擁數千萬里之地。數千百兆之人。而不能謂之爲國者。亦有眇然地不滿十里。人不滿百數。而不能不謂之爲國者。何也。國也者。對於內而有完備之行政機關。對於外而有無缺之獨立主權者也。苟二者不備。國雖大猶謂之無國。苟二者具備。國雖小猶謂之有國。今列舉世界最小之民主國數四。以供覘國者之考鑑焉。不徒爲茶餘酒後之談資而已。

一達窩拉拉國　在撒爾尼亞（卽意大利之母國）之西北。長五英里。廣不及半英里。亭然一島國也。居民合計不及六十人。每六年公舉大統領一名。議官六名。皆不受俸銀。報效國事。選舉之際。舉國男女皆有投票之權。自千八百八十六年成爲獨立國以來。國內靜謐。從無選舉紛爭之事。西人稱爲南歐之一大樂土云。此國之歷史。自一千八百三十六年。撒爾尼亞王封其親族某氏爲島主。未及五十年。島民厭君主政體。經數次之戰爭。至千八百八十六年。遂制定憲法。爲一箇之民主國。爾來著著改進國政。意大利首認之。列國相繼認之。遂成爲完全無缺之獨立國。此國民之生業。以漁業爲重。農業次之。其生計極豐裕。無外敵之虞。雖無海陸之軍備。一朝有事。六十名之國民皆爲兵云。

二俄德爾國　在法國之南。皮歷尼山之巔。面積僅方一英里半。人口僅百四十。以幅員論。爲世界最小之國也。然其行民主政體。實在美國之前。當一千六百四十八年。既經法國及西班牙之承認。儼然爲歐洲中一個獨立國。其大統領自元老官中推選。元老官凡十二名。皆國內之老農也。每十二年改選一次。大統領兼收稅吏行政官裁判官之職。若其所裁決之事。不愜民望。則人民下山而請西班牙之僧正處決之云。

三加郞撒布國　在美國北方卡羅利拿之西部。國內分爲二州。雖除英國之外。未有他國認其獨立。然其行政自由自主，不受他國轄治。其位置在於谷地，面積八十英方里，土地最爲肥沃。大統領四年一任，每年受五百元之薪俸。議員半之。其政府有國務大臣三名，每人民百口舉議員一名云。

四桑瑪里國　在意大利中部，而世界民主國中最有名者也。面積有三十三英方里，人口八千五百。其京都在距海面二千英尺之高地，京都人口約一千二百，風景絕佳，世界列國罕見其比。其法律由立法院議員所制定，議員凡六十名，皆終身任期。又自此議員中選十二人爲議官，裁決各種之問題。此議官中又二人爲國務卿，代表國家，統率內務、外務、大藏等諸大臣。兵額有九百五十名。財政年年皆有豫算表。此國與意大利訂條約，凡自意國入口貨物收關稅，自本國出口而往意國之貨物則免之。

## 維新圖說

蓬蓬哉，鬱鬱哉，數月以來，維新云維新云之語，彌漫磅礴於國中。無論爲帝爲后，爲吏爲士，爲紳爲商，但使稍有腦氣筋者，苟上以「守舊鬼」三字之徽號，度無不瞋目相視，齗齗然鼓舌以自辨其非。嗚呼！以視去年今日，何其異也。其所以得此者非他，乃譚嗣同、楊深秀、楊鋭、劉光第、康廣仁、林旭、唐才常、林圭、裕祿、毓賢、啓秀、徐承煜、趙舒翹、英年、德公使、日本書記生與夫千數之自立會員、千數之義和團黨、千數之外國教士、中國教民之血，相注射相攙雜，成一種不貲之價值而購得之者也。舉事不成而非不成，流血無益而非無益。嗚呼噫嘻！吾欲爲中國賀。

雖然，吾昔見中國言維新者之少也而驚，吾今見中國言維新者之多也而益驚。試略舉維新者之種類，有欲奉西后以維新者有欲奉今上以維新者有欲傾滿洲以維新者有欲緩緩以維新者有欲急急以維新者有欲用溫和手段以維新者有欲用激烈手段以維新者有欲行全國集權之維新者有欲行分立自治之維新者有排外以行維新者有媚外以行維新者有爲保朝廷之基業而不得不維新者有爲保國民之權利而不得不維新者有爲保一己之權勢聲名富貴而不得不維新者其種類千差萬別而又非一人歸一種類大抵參伍錯綜攙雜殽亂而各具一奇異之色相試列圖以明之

第一　維新種別圖

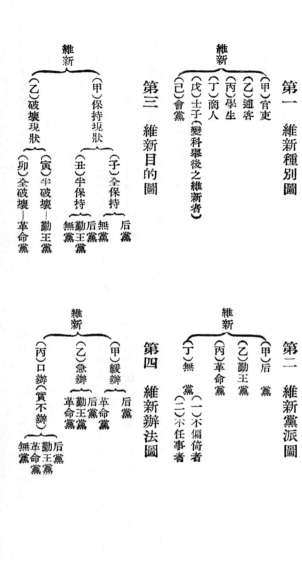

- 維新
  - (甲)官吏
  - (乙)逋客
  - (丙)學生
  - (丁)商人
  - (戊)士子(變科舉後之維新者)
  - (己)會黨

第二　維新黨派圖

- 維新
  - (甲)后　黨
  - (乙)勤王黨
  - (丙)革命黨
  - (丁)無　黨
    - (一)不偏倚者
    - (二)不任事者

第三　維新目的圖

- 維新
  - (甲)保持現狀
    - (子)全保持
      - 后黨
      - 無黨
    - (丑)半保持
      - 后黨
      - 勤王黨
      - 無黨
  - (乙)破壞現狀
    - (寅)半破壞——勤王黨
    - (卯)全破壞——革命黨

第四　維新辦法圖

- 維新
  - (甲)緩辦
    - 后黨
    - 革命黨
  - (乙)急辦
    - 后黨
    - 勤王黨
    - 革命黨
  - (丙)口辦(實不辦)
    - 后黨
    - 勤王黨
    - 革命黨
    - 無黨

## 第五　維新主義圖

- 維新
  - (甲)全國集權
    - (甲)君主專制政體 — 后黨、勤王黨 — 保持現狀
    - (乙)君主立憲政體
    - (丙)民主立憲政體 — 勤王黨
  - (乙)分立自治 — (丁)聯邦立憲政體
  - (乙)(丙)(丁) — 革命黨 — 破壞現狀

## 第六　維新動力圖

- 維新
  - (甲)自動力
    - (子)積學識而維新者
    - (丑)感境遇而維新者
      - (一)憤外國之侵陵
      - (二)憤政府之腐敗
  - (乙)他動力
    - (寅)被運動而維新者
    - (卯)趁風潮而維新者

## 第七　維新變相圖

- 維新
  - (甲)進化之變相
    - (一)由守舊而維新
    - (二)由吏黨而民黨
    - (三)由革命而勤王
    - (四)由勤王而革命
  - (乙)趨勢之變相
    - (一)由革命而勤王
    - (二)由勤王而革命
    - (三)由民黨而吏黨

## 第八　維新心術圖

- 維新
  - (甲)爲公 — 爲國民
  - (乙)爲私
    - (一)爲一姓
    - (二)爲一己
      - (甲)爲權勢
      - (乙)爲聲名
      - (丙)爲衣食

以上八圖。略舉大概。雖不足以盡其形相。雖然。亦既已繁賾殽雜。千聲萬色矣。吾以爲其種別如何。不必問。其黨派。如何不必問。其目的如何。不必問。其辦法如何。不必問。其主義如何。不必問。其動力如何。不必問。乃至其變相如何。亦不必問。所最當辯者。惟心術而已。使其心而爲國民也。公也。無論何種別。何黨派。何目的。何辦法。何主義。何動力。何變相。而必終歸於一致。使其心而爲一姓也。自以爲公。而實私也。其志愈誠。其行愈勇。而其病天下也愈甚。使其心而爲一己也。私也。且假公以濟其私也。吾寧願舉四百兆人皆爲「守舊鬼」。而必不願我國有此

等人也。嗚呼噫嘻。蓬蓬哉。鬱鬱哉。數月以來維新云維新云之語。彌漫磅礴於國中。吾欲以第八圖鑑天下之言維新者。且欲吾儕言維新者之一自鑑也。嗚呼噫嘻。吾其賀耶。吾其弔耶。

## 十九世紀之歐洲與二十世紀之中國

十八世紀之末。法國大革命起。血腥模糊。哭聲訇鞫。戳破歐洲之中心點。加以拿破侖曠代英雄乘之而起。遂至勞全歐之聯軍。僅制其燄。而自由之空氣。遂徧播盪於歐洲。動力與反動力互相起伏。互相射薄。小退大進。而卒有今日。讀近百年來之西史。何其壯也。何其快也。十九世紀之末。中國義和團起。血腥模糊。哭聲訇鞫。戳破亞洲之中心點。亦既已勞全歐之聯軍。僅制其燄。而拿破侖果安在耶。而亞洲大陸自由之空氣。何以沈沈曀曀而至今無端倪耶。吾欲我國民一思其故。漢之季也。八俊八顧八廚八及。名士徧天下。愛國者皆屬望焉。顧無救於漢之亡。而崎嶇山谷。存漢臘數十年者。乃一當時無名之諸葛亮。明之季也。東林復社。名士徧天下。愛國者皆屬望焉。顧無救於明之亡。而飄蓬海島。存明朔數十年者。乃一當時無名之鄭成功。即法國大革命之始。民黨名士。星羅棋布。風馳電掣。只能破壞法國。不能成就法國。而成就之者。乃一當時無名之拿破侖。意者中國之拿破侖。今猶未出世耶。吾願愛國之士。其勿以中國再造之業。望諸今日有名之維新黨。彼眞英雄固不可以名求也。抑所謂今日有名之維新黨者。其勿自尊大。亦勿自暴棄。惟盡其責任。以爲將來出世之拿破侖前驅先導。或者二十世紀之亞陸。其未必多讓於十九世紀之歐陸耶。

前驅亦有道乎。曰有。彼法國之能破壞。非革命黨獨力破壞之也。有破壞之前驅也。法國之能成就。亦非拿破侖獨力成就之也。有成就之前驅也。大革命之戳歐洲。與義和團之戳亞洲。其形跡略同。而結果乃大異者。蓋結果之來。必與原因成比例。盍亦觀兩者之原因相去何如矣。承前此如此之原因。而欲求將來如彼之結果。是何異磨甎作鏡。炊沙爲飯也。西人有言。十八世紀者。十九世紀之母也。專指歐洲言 故吾願今日自命維新黨者。勿遽求爲歐洲十九世紀之人物。而先求爲歐洲十八世紀之人物。吾亞其將有瘳。

西人亦有言。革新之機。如轉巨石於危崖。不動則已。動則其機勢不可遏。必赴壑而後止。故最要者莫過於動力。有動力必有反動力。有反動力又必有其反動力之反動力。反反相續。動動不已。而大業成焉。試徵諸歐洲。法國大革命。一千七百八十九年 其原動力也。神聖同盟。一千八百十四年 其反動力也。七月革命。一千八百三十年 又神聖同盟之反動力也。其後各國之鎮壓政策。又其反動力也。二月革命。一千八百四十八年 又其鎮壓政策之反動力也。卒至帝王同盟散。梅特涅。奧國宰相 逃。然後全歐之國民主義。乃定基礎焉。其波瀾之俶詭。往復歷百數十年。未嘗一日停頓寧息。而卒達其目的也如此。我中國戊戌之役。可謂原動力也。八月政變。其反動力也。義和團。反動力之極點也。今年之競言維新。又義和團之反動力也。蓋四年之間。而動力之往復者已三次矣。凡力之動也。其抛線之圈愈擴而愈大。故第一次之反動力。其現象必更劇於原動力。而第二次之反動力。即反動力之反動力與原動力同物者 其現象又必更劇於原反動力。即第一次反動力 以次遞進。皆循茲軌。故見反動力之來。勿懼勿患。當知其第二次加大反動力之來。必不遠矣。吾中國動機。今始發軔。此後反動。其必四次五次。乃至六七八九十次。而未有已。譬之所謂危崖轉巨石。其崖千仞。而其石今始墜。數尋前途。遼哉。豈有艾乎。雖然。夫亦安得而遏之。吾意今世紀之中國。其波瀾俶詭。五光十色。必更有壯奇於前世紀之歐洲者。哲者請拭目以觀壯劇。勇者請挺身以登舞臺。

問者曰。自今以往第四次之反動力何自而生乎。曰。不見夫俄羅斯乎。亞歷山大第二未改革以前。俄羅斯民黨之勢力闃如也。其以後則磅礴鬱積。至於今日而幾不可復制。夫帝者改革。宜可以銷民間維新黨不平之氣矣。亞歷山大第二之改革。其事業亦不可謂不洪大矣。而反爲導引民黨之火線者何也。蓋革新者。危崖轉巨石。非達其終點而決不能中止者也。譬有異味。不嘗則已。嘗則必欲飽啖焉。必非可以染指分杯而饜其欲也。俄羅斯之民。前此不知有所謂平等主義自由思想者。故相與習而安焉。謂爲固然。雖經百數十年不動可也。及經一度改革之後。如十年幽窗之人。忽開片扇。覩一線之曙光。恍然見天地萬象如此其可愛。其殆不甘以幽窗老也。此所以改革爲動力之大原也。其動力之圈。必甚於未動以前。其反動力之圈。又如例加大。反反相續。動動不已。自今以往。俄羅斯終不能不行歐洲大陸之政體。此全世界有識者所同料也。吾中國亦若是而已。新黨乎。新黨乎。厚集爾動力。以爲將來出世英雄前驅。二十世紀新中國。其將賴之。

## 俄人之自由思想

於二十世紀中。有可以左右世界之力量者三國焉。曰俄國。曰美國。曰中國是已。而此三國者。又必將大變其前此之情狀。然後可成其大業。變之之道奈何。則美國由共和主義而變爲帝國主義。俄國中國由專制主義而變爲自由主義是已。中國與俄國相類似之點頗多。其國土之廣漠也相類。其人民之堅苦也相類。其君權之宏大而積久也相類。故今日爲中國謀。莫善於鑑俄。

倭兒可士鳩者。俄國革命黨之鉅子也。英京倫敦有俄羅斯自由同志會。而倭氏實爲其會報主筆。於今年二十

世紀之初開幕著錄閎論一篇名曰「俄人之自由思想」今譯錄之俾我國民知俄國之輿情及其將來變遷之種子而因以自擇焉其言曰

俄羅斯國民之改革思想五年以來進化甚驟蓋初時國民之希望全注於新皇之一身今則逐漸遷移而國民中有新智識者漸爲一國之代表焉不觀夫俄國之學問家與學生乎其自重之態度不屈之精神眞有令人起敬者今皇尼古剌之初卽位也有非常之人望蓋俄國國民未知新君之主義若何人物若何故抱各種之希望以歡喜熱心而迎之此其故何歟蓋先帝亞力山第三壓制之化身也其十四年間之政治使國民疲倦殆如經半世紀憔悴於虐政者故亞力山第三得「大鞭撻者」之綽號非偶然也此大鞭撻者一旦崩殂國民之眼咸注於二十六歲之新皇以爲此年少英敏之君必能貴自由順民望行寬大之政故當時俄民如釋重負雖然聞喪而喜恐傷新帝之感情也故其歡喜之情隱祕而不敢發露大行之歸喪於莫斯科也葬儀之盛前古罕聞悉索賦稅民不堪命雖然俄民不敢怨焉蓋將忍其困難以達來者之希望云爾

吾俄無國會其代表民意之機關惟有州會 XEMSTUOS 而已此舉世之所聞知也故新帝卽位之際州會爲民代表上書表其忠義之心以悼先帝又以最謙恭之語瀝述民情請准以後俄國人民得以所欲所苦直達朝廷不經官吏之手此其所請可謂不失於禮不悖於理最平和正當之請求也使新皇而有幾微之新思想不以家畜視人民則此等上書必無害其感情有斷然者

千八百九十五年一月十七日行卽位及大婚禮市邑軍隊州會及各種團體之代表者六百人集於殿前舉行祝典皇帝尼古剌乃宣言曰『今全國各階級之代表者爲表白忠愛之心咸集此處朕之所深喜也古來

俄國臣民皆抱至誠之忠義心。故今日卿等之所表。朕深信之。雖然頃者州會連名上書。欲得全國人民參與國事之權。朕今有不得不質言者。朕於國民有益之事。必以全力赴之。雖然至於先帝所行獨裁主義。朕必率由之。罔敢或墜。一言以蔽之。則朕之政治。一無以異於先帝之政治也云云。』此演說一出。全國人民。不勝失望。實則人民之所希望者。非欲限制君權。乃欲求得眞正之獨裁政治而已。彼等於先帝在位之歷年。惡官吏之跋扈。不能堪其殘忍暴戾。而欲以君主一人之直接據法律以施政治。其義甚正。而其情亦甚誠。其奈新皇不悟此意。反因沿前皇腐敗之業。以左袒官吏。此則俄國民所爲意外失望者也。

雖然彼等無聊之極思。終戀戀然有餘望。以爲皇帝不過少年少閱歷。而思想混雜未決定云爾。待至加冕之時。或更示其眞意以利我民。未可知也。故當時全國國民之聲。莫不企踵以望曰。加冕期至矣。加冕期至矣。乃自此後而國民之失望有更甚於前者。加冕一役。其費用爲俄國建國以來未有之巨額。而慶祝之日。警察失職。至使人民來祝者。死四千餘人。屍血狼藉。徧於莫斯科之野。而皇帝曾無一毫哀悼之色。欣欣然以赴跳舞會。於是人民不勝憤慨。遂衝乘輿之前衞。投石於皇帝之馬車。毀跳舞會場之陳設。暴言暴行。不一而足。雖警察官極力鎭之。不能禁也。嗚呼。吾俄人民。非故與帝室爲仇也。其所以致此者。誰之過歟。誰之過歟。

使皇帝自經此役以後。知民嵒之可畏。察官吏之無狀。則補牢顧兎。猶未爲遲。乃人民出種種方法。訴其疾苦。皇帝一無所顧。而束縛馳驟。殆更甚焉。民有所請。則輒以下吏議。彼官吏者。人民之蟊賊。盜憎主人。古今通例。欲行民政而下吏議。是何異與虎謀其皮也。於是人民所請。不惟無效。而反以此獲罪。官吏羅法網者。道相屬焉。迨乎今年學生之騷動起。皇帝乃使壓制黨首領威安挪鳩將軍案驗其事。更下嚴詔以脅學生。謂以後復有此等舉動。當以嚴法使服兵役。於是乎俄國人民幾度之希望。於玆盡矣。

外國人不知俄國之眞相。惟俄國之炯眼而能知之。新皇自倡萬國平和會議之後。聲望隆隆日上。洋溢寰宇。而俄國人民則竊竊然笑之以鼻。不見乎口血未乾。而俄政府已先自破其誓違悖憲法。而强芬蘭人使服兵役。使負擔加重之經費乎。昔林肯有言。『汝欲愚弄一時之人民可也。欲愚弄一部分之人民可也。若欲時時永遠愚弄全部分之人民。恐其不可。』嗚呼。凡爲君主者。爲國民者。皆不可不深鑑此言也。

吾今欲爲我俄民進一言。自古未有倚賴一二人。而能成國家維新之業者。全國人民知前所倚賴者之一無足恃。是卽吾國民政治發達之期至矣。

俄羅斯人大可自重之國民也。雖合多數之種族。以成國。其間言語不通。習俗不同。然其實皆同出於斯拉夫之總族。共建此國以求文明之進步。俄國之起原。在第九世紀。遠後於歐洲列國。加以建國後僅四百年。爲蒙古所侵掠。瀕於滅亡。雖然。我强健之人種。終克大敵。驅而放之。以勢力而自發達。故就外面觀之。俄國民於政治上。於社會上。雖視列國有遜色。然其實際必非劣於他之文明國。試觀其文學界。其藝術界。其音樂詩歌科學之社會。決不在英德諸國之下。至俄人之繁殖力。及其採用文明之速。凡稍解俄國內情者。所共知也。且俄國人之政治社會。所以進步遲遲者。非我國民不適於文明之政治文明之社會也。實由吾國今日之境遇。全爲官吏所壓抑而破壞其本有之良性也。使一旦除其豊蔀。去其羈絆。任俄民以自然之力自圖進步。則其成效之速。必有聳全球之觀聽者。嗚呼。我國民與壓制政體相戰。既非一日。四十年前青年革命之事。其若何勇敢。若何壯劇。世之所聞也。彼等之血不虛流。今者機會殆將熟矣。

爾來因工商社會之變動。工價下落。工人愈加困難。不平之氣。愈益增長。千八百九十六年。聖彼得堡之同盟罷工。起凡三萬五千人之勞働者倡議制限每日勞働時刻而十萬人之土木工作應援之其勢力浩大。遂使政府不得不於翌年而發布新法律。

此次之同盟罷工。其所得雖少。然其結果實有重且大者。何則。以民意而使政府改作法律。實起點於茲役也。彼工人所以能結此大團隊。而爲文明之運動者。實由有學識之人士。爲之盡力。而大學生實其中心點也。全國之法律家。及報館主筆。凡有識之青年。走集而助之。爲之草章程。爲之作揭啓。爲之通聲氣於外國之同志者。聲援既厚。組織既完。乃始發手。故能成得未曾有之功。自茲以往。俄國各大都會。皆有工人同盟。至千八百九十八年。合各都會之同盟爲一大同盟。稱爲俄國共和黨。其範圍若何之廣。其勢力若何之强。雖可不計。然俄政府雖極力與之戰。而不能滅之。

民智既開。則專制政治。自不得不顚覆。故愚民之術。凡專制政府一定之方針也。雖然。時勢者常動者也。日進者也。俄政府雖有萬鈞之力。亦安能與時勢敵。故政府雖出種種方法以禁窒民智。而民間亦自有種種方法以開通之。卽如著述一道。政府之壓制愈烈。而言論亦愈盛。凡俄國民之曾受敎育者。政治思想大發達。革命精神蓬蓬勃勃。而近者學生同盟罷業。其最顯著者也。本年二月二十日。聖彼得堡大學紀念會之日也。校中學生之一隊。以嫌疑而受警察官之淩辱。此事一起。凡全都中之大學生。及稍有學識之人士。咸大激昂。處處集會。爲政治上之運動。於是大學生共議。向於政府有所要求。所求不遂。則相率不受業於大學。既而海軍士官四十人。首與此學生通殷勤。既而醫學校之生徒。亦同盟罷業。既而全都諸種高等學校女學校凡十七所

之學生咸加盟焉同時又派密使於全國諸學校凡各大都會之學生盡與首都桴鼓相應全國學校之教室幾鍵戶闃無一人矣

要而論之凡國民之自由思想必藉抑壓之勢力而後能勃興所謂壓力不甚則躍力不高此古今萬國所循之常軌也我俄國何莫不然今日競爭劇烈之世界苟民智不進步社會不發達則必不能保其地位於列雄之間雖然進步與發達專制政治之敵也此二者終不能兩立吾俄國之宗教道德學術皆有精華美妙之芽含蘂而未展一旦除去政治之桎梏則滿園穠豔可立而待矣

## 二十世紀之新鬼

二十世紀之開幕至今凡三百日有奇世界之巨人死於是者五人焉一曰英國女王域多利亞二曰日本政友會首領前遞信大臣星亨三曰伊大利左黨首領前宰相格里士比四曰美國合衆黨首領原任大統領麥堅尼五曰中國議和全權大臣直隸總督李鴻章楊朱有言生則堯舜死則腐骨生則桀紂死則腐骨雖復窮尊極貴殊俊奇傑亦豈能有與天地長久者耶環瀛萬里各自撒手四時之運成功者去碧落黃泉頗不寂寞

以權勢地位論之則域多利亞與麥堅尼爲一類以聲名之久福命之高論之則域多利亞與李鴻章爲一類以民間之壓力論之則星亨格里士比麥堅尼爲一類以戰功之顯著外交之敏活論之則格里士比與李鴻章爲一類以早年之艱辛被窘被逐於官吏論之則星亨格里士比爲一類以晚年唾駡之多論之則星亨與李鴻章爲一類以現時當權一舉一動爲世界所注目論之則李鴻章與麥堅尼爲一類以享壽之高論之則域多利亞

格里士比李鴻章爲一類。以齎志未竟。死事慘酷論之。則星亨與麥堅尼爲一類。域多利亞麥堅尼李鴻章之事實。吾邦人多能知之。茲不具述。請略敍星亨與格里士比之所經歷。

星亨日本近來政界之雄也。明治五年。嘗爲橫濱稅關長。以誤稱英皇爲英王。觸英公使之怒。不肯自屈。罷職而遊學英國。明治十年。歸爲政府附屬律師。未幾自由黨興。彼以後進入黨。崢嶸倔强。爲先輩所器重。卒乃握自由黨中獨一無二之權力。星亨一生之歷史。實日本自由黨始末歷史也。當明治十五六年間。彼率黨人攻擊政府。鏖戰不遺餘力。遂以明治十八年下獄。二十年被放逐於外。二十三年議院旣開。舉爲議員。旋任下議院議長。因與改進黨相敵。奪議長之職。削議員之籍。明治二十九年。復任美國公使。三十二年任滿歸。值憲政黨（即進步自由兩黨合併改名者）政府之末運。彼直揮大刀闊斧。散內閣。散憲政黨。三十三年。改自由黨爲立憲政友會。未幾政友會得政。組織內閣。星亨爲遞信省大臣。星亨爲人。雄才大略。有不可一世之概。膽智冠世。日日與其政敵鏖戰。所向披靡。遂赫然爲日本現世第一人物。而生平不謹小節。好貨賂。大爲國人所詬病。爲大臣不數月。以舊贓事牽連辭職。然猶居議院指揮最多數之政黨焉。本年七月。爲一俠客所刺。卒於市會議場。

格里士比以千八百十九年生於伊大利之西西里島。早歲爲律師。千八百四十八年。伊大利革命之役。格氏實爲其有力者。事敗。遁於法蘭西。旣又被逐。竄於英國。飄蓬海島。無以爲生。時或凍餓經旬。賣文於各報館。僅得充饘粥。如是者凡十餘年。至千八百六十年。始從革命軍大將雅里巴治入於西西里島。西西里遂自立。及伊大利一統之業成。舉爲議員。尋任下議院議長。屢爲政府大臣。嘗兩度爲宰相。伊大利有左右黨。而格氏實左黨之首領也。其內治政策。恆與敎會權力相反對。其外交政策。務親德意志以抑法蘭西。歐洲三國同盟。（德奧伊三國）格氏最有功焉。後以事爲反對黨所扼。遂於千八百九十六年辭職。自脫於政海之風波。優遊林下以終餘年。伊大利建國之日雖尚淺。而能屹然立於歐洲居一等國之位置。實格氏與嘉富爾雅里巴治三雄之功居多云。以本年八月卒。年八十有三。

嗚呼若星氏格氏。可不謂曠世之豪傑也哉。此五人者。於其國皆有絕大之關係。除域多利亞爲立憲政治國之君主。君主無責任。不必論斷外。若格里士比若麥堅尼。皆使其國一新焉。若星亨則欲新之而未能竟其志者也。以此論之。則李鴻章之視彼三人。有慚德矣。李鴻章每自解曰。吾欲舉國所掣肘。有志而未逮也。斯固然也。雖然以視星亨格里士比之冒萬險忍萬辱排萬難以卒達其目的者何如。夫真英雄恆不假他之勢力。而常能自造勢力。彼星氏格氏之勢力。皆自造者也。若李鴻章則安富尊榮於一政府之下而已。苟其以強國利民爲志也。豈有以四十年之勳臣耆宿。而不能結民望以戰勝舊黨者。惜哉李鴻章之學識不能如星亨。其熱誠不能如格里士比。所憑藉者十倍於彼等。而所成就乃遠出彼等下也。質而言之。則李鴻章實一無學識無熱誠之人也。雖然以中國之大。其人之有學識有熱誠能愈於李鴻章者幾何。十九世紀列國皆有英雄。而我國獨無一英雄。則吾輩亦安得不指鹿爲馬。聊自解嘲。翹李鴻章以示於世界曰。此我國之英雄也。嗚呼。適成爲我國之英雄而已矣。亦適成爲我國十九世紀以前之英雄而已矣。域多利亞之君英國也六十餘年。李鴻章之相中國也四十餘年。以一身而當國之久。近世中未有及此兩人者也。雖然。域多利亞六十年中。英國擴土徧於五洲。遂至有"THE SUN CONTINUALLY SHINES ON OUR BRITISH FLAG"譯言太陽常照我英國旗也。意謂英國屬土徧於兩半球也。之驕語。何其榮也。李鴻章四十年中。中國日蹙百里。試一披亞細亞東部輿圖。其改渲顏色者殆十餘處矣。何其恥也。

夫英國之榮固不能爲域多利亞一人功中國之恥亦不能爲李鴻章一人罪嗚呼十九世紀往矣而二十世紀方將來曾國藩常言已往種種譬如昨日死未來種種譬如今日生吾輩於十九世紀之代表人無歆焉無責焉亦視二十世紀之新人何如耳

麥堅尼非十九世紀美國之代表人而二十世紀美國之代表人也美國自華盛頓創業門羅昌言皆務保疆不務攻取經營美洲不及他洲自麥堅尼就任以來一舉而縣古巴再舉而吞夏威夷三舉而攘菲律賓共和主義一變爲帝國主義遂使西半球新世界與東亞大陸忽相接近自今以往美國將突飛五洲主盟羣雄而中美之交亦自此多事是皆麥堅尼所以貽後人也李鴻章結舊中國之終而麥堅尼開新美國之始麥堅尼死而將來爲麥堅尼繼志者當不止千萬李鴻章死而將來爲李鴻章幹蠱者誰耶

嗟夫望八荒之寥廓何地無才送九原之沈冥問天不語陳陳代謝去日疏而來日親咄咄逼人後視今猶今視昔青燈有味逝水無情聊附長吟以代信史

旗翻日所出入處功到天爲歌泣時五大洋中海水靜羣龍齊唄挽歌詩

右一首域多利亞

一生自獵知無敵百中爭能恥下韝（用杜老詠鷹句）今日江山忽寂寞飛鷹唧箭蹟寒秋

右一首星亨

纍纍六度蘇子印咽咽十載吳市簫國自少年吾老矣（格氏嘗與瑪志尼創一會名曰少年伊大利）一莵裘入去雨瀟瀟

右一首格里士比

壯夫生奪門羅席。（門羅前美國總統嘗宣言美國不干預他洲之事他洲亦不得干預美洲之事世稱門羅主義）雄鬼死傍林肯墳。（林肯前美國總統爲放黑奴開南北美之戰戰後繼任被刺卒者）無賴商風海西警。半旗蔽地弔天民。

右一首麥堅尼

陽秋未定蓋棺論。病國能成豎子名。如此江山且休去。夕陽黃葉送君行。

右一首李鴻章

## 難乎爲民上者

民氣弱之國。爲民上者最易。而國恆替。民氣昌之國。爲民上者最難。而國恆强。故今日爲文明之首長者。既不可無非常之勇氣。常立於戰場冒險決死以伸政策。尤不可不以非常之公心。順揣輿情。著著爲公利公益著想。乃可以安其位保其身。吁。其難哉。

星亨與麥堅尼皆死於刺客者也。而星與麥之所以遇刺者不同。麥則全由敵黨之忌嫉。而星則不爾。星則多由於平昔之自取。而麥則不爾。要之各難其難則一也。日本之興。俠客與有功焉。所謂武士道。所謂大和魂。皆拔劍擊柱一瞑不視之徒也。井伊直弼死於是。大久保利通死於是。森有禮死於是。今星亨復死於是。雖曰害社會之秩序。而旱地霹靂。往往使天地爲之昭蘇者。日本之精神。其在是歟。

若夫歐洲十九世紀各國首長遭此厄者。尤數見不鮮。以俄國論之。一八〇一年保羅帝被殺。一八八一年亞歷山大第二爲炸藥所斃。而先帝亞歷山第三自言終日若在幽囚。一夕九遷。曾靡寧息。今皇尼古刺第一當游日本時。亦幾不免矣。俄羅斯爲地球第一專制之國。其現狀若此。無足怪者。

至於美國。則一八六五年大統領林肯遇害。一八八一年大統領雅里非兒遇害。至本年麥堅尼復蹈前軌焉。卽最近三十六年間。大統領之死於毒手者三人矣。夫以專制政體出產地（卽俄國）之帝王之生命。與自由政體出產地（卽美國）之統領之生命。兩者比較。孰危孰安。似不待問。卽向人壽燕梳公司買保險。則其價率自當俄增而美減。固其當也。乃其比較之實際如此。豈有他哉。民氣愈昌之國。爲民上者愈難。此公例之不可逃者也。

吾爲此言。吾非左袒無政府黨也。無政府黨者。不問爲專制國爲自由國。而惟以殺其首長爲務。彼等之目的。在破壞秩序。若夫專制秩序與自由秩序。皆非所問也。彼等秩序之敵也。文明之敵也。雖然。必有文明然後有文明之敵。故民氣弱之國。非惟求文明不可得。卽求文明之敵亦不可得也。

嗚呼。使移今日中國之爲民上者。以居歐美日本。吾見星亨麥堅尼之事。月接於目。而日觸於耳矣。

## 煙士披里純（INSPIRATION）

人常欲語其胸中之祕密。或有欲語而語之者。或有欲勿語而語之者。雖有有心無心之差別。而要之胸中之祕密。決不長隱伏於胸中。不顯於口。則顯於舉動。不顯於舉動。則顯於容貌。記曰。夫微之顯。誠之不可揜如此乎。吁可畏哉。蓋人有四肢五官。皆所以顯人心中之祕密。卽肢官者。人心之間諜也。告白也。招牌也。其額蹙蹙。其容顇顇者。雖强爲歡笑。吾知其有憂。其笑在渦。其軒在眉者。雖口說無聊。吾知其有樂。蓋其胸中之祕密。有欲自抑而不能抑。直透出此等之機關。以表白於大廷廣衆者。述懷何必三寸之舌。寫情何必七寸之管。乃至眼之一閃。顏

之一動手之一觸體之一運無一而非導隱念述幽懷之絕大文章也

西儒哈彌兒頓曰世界莫大於人人莫大於心諒哉言乎而此心又有突如其來莫之爲而爲莫之致而至者若是者我自忘其爲我無以名之名之曰「煙士披里純」INSPIRATION「煙士披里純」者發於思想感情最高潮之一刹那頃而千古之英雄豪傑孝子烈婦忠臣義士以至熱心之宗敎家美術家探險家所以能爲驚天地泣鬼神之事業皆起於此一刹那頃爲此「煙士披里純」之所鼓動故此一刹那間不識不知之所成就有遠過於數十年矜心作意以爲之者嘗讀史記李廣列傳云「廣出獵見草中石以爲虎射之中石沒羽視之石也因復更射之終不能復入石矣」由此觀之射石沒羽非李將軍平生之慣技不過此一刹那間如電如火莫或使之若或使之曰惟「煙士披里純」之故馬丁路得云我於怒時最善祈禱最善演說至如玄奘法師之一鉢一錫越葱嶺犯毒瘴以達印度哥侖布之一帆一楫凌洪濤賭生命以尋美洲俄兒士蔑之唱俚謠彈琵琶以乞食於南歐摩西之闢蠻族逐水草以徘徊於沙漠雖所求不同所成不同而要之皆一旦爲「煙士披里純」所感動所驅使而求達其目的而已盧騷嘗自書其懺悔記後曰『余當孤筇單步旅行於世界之時未嘗知我之爲我凡旅行中所遇百事百物皆一一鼓舞發揮我之思想余體動余心亦因之而動余惟飢而食飽而行當時所存於余之心目中者惟始終有一新天國余日日思之日日求之而已而余一生之得力實在於此』云云嗚呼以盧騷心力之大所謂放火於歐洲億萬人心之火種而其所成就乃自行脚中之「煙士披里純」得來「煙士披里純」之動力誠不可思議哉

世之歷史家議論家往往曰英雄籠絡人而其所謂籠絡者用若何之手段若何之言論若何之顏色一若有一

定之格式。可以器械造而印板行者。果爾則其術既有定。所以傳習其術者亦必有定。如就冶師而學鍛冶。就土工而學摶埴。果爾則習其術以學爲英雄。固自易易。果爾則英雄當車載斗量。充塞天壤。而彼刻畫英雄之形狀傳述英雄之伎倆者。何以自身不能爲英雄。噫嘻。英雄之果爲籠絡人與否。吾不能知之。藉曰籠絡。而其所謂籠絡者。決非假權術。非如器械造而印板行。蓋必有所謂「煙士披里純」者。其接於人也。如電氣之觸物。如磁石之引鐵。有欲離而不能離者焉。趙甌北二十二史箚記論劉備曰「觀其三顧諸葛。咨以大計。獨有傳巖爰立之風。關張趙雲自少結契。終身奉以周旋。即羈旅奔逃。寄人籬下。無寸土可以立業。而數人者患難相隨。別無貳志。此固數人者之忠義。而備亦必有深結其隱微而不可解者矣。」豈惟劉備。雖曹操雖孫權雖華盛頓雖拿破侖雖哥郎威兒雖格蘭斯頓。莫不皆然。彼尋常人刻畫英雄之行狀。下種種呆板之評論者。恰如冬烘學究之批評古文。以自家之胸臆。立一定之準繩。一若韓柳諸大家作文。皆有定規。若者爲雙關法。若者爲單提法。若者爲抑揚頓挫法。若者爲波瀾擒縱法。自識者視之。安有不噴飯者耶。彼古人豈嘗執筆學爲如此之文哉。其氣充乎其中而溢乎其貌。動乎其言而見乎其文。而不自知也。曰惟「煙士披里純」之故。

然則養此「煙士披里純」亦有道乎。曰「煙士披里純」之來也如風。人不能捕之。其生也如雲。人不能攫之。雖然有可以得之之道一焉。曰至誠而已矣。更詳言之。則捐棄百事而專注於一目的。忠純專一。終身以事之也。記曰至誠所感。金石爲開。精神一到。何事不成。西儒姚哥氏有言「婦人弱也。而爲母則强。」 WOMAN IS WEAK, BUT MOTHER IS STRONG. 夫弱婦何以能爲强母。唯其愛兒至誠之一念。則雖平日嬌不勝衣。情如小鳥。而以其兒之故。可以獨往獨來於千山萬壑之中。虎狼吼咻。魍魎出沒。而無所於恐。無所於避。蓋至誠者人之眞面目而通於神明者也。當生死呼吸之頃。弱者忽强。愚者忽智。無用者忽而有用。失火之家。其主婦運千鈞之笥若拾芥然。法國奇女若安以眇眇一田舍青春之弱質而能退英國十萬之大軍。曰惟「煙士披里純」之故。

使人之處世也。常如在火宅。如在敵圍。則「煙士披里純」日與相隨。雖百千阻力。何所可畏。雖擎天事業。何所不成。孟子曰至誠而不動者未之有也。不誠未有能動者也。書此銘諸終身以自警戒自鞭策。且以告天下之同志者。

## 無欲與多欲

頃讀日本國民新聞。有德富蘇峯氏所著論。題曰無欲與多欲。其論頗有精深透拔者。故錄之而演其義。

蘇峯子曰。人無無欲者。或好色。或好貨。或好名。或好學。要之無有無欲者。卽如禪寂之徒。以槁木死灰自命。然終不免有槁木死灰之欲。淺見者流。往往謂彼多欲也。此無欲也。皆妄生差別相而已。

近世之豪傑。如西鄉南洲者。殆可謂無欲人矣。其詩云「吾家遺法君知否。不爲兒孫買美田」。世俗之欲。殆皆淨盡。雖然。彼一旦聞薩兒之暴發。忽犧牲其一身。甘與其子弟爲情死。遂歌曰「白髮衰顏非所意。壯心橫劍愧無勳」。蓋彼視其一身輕如鴻毛。而以不能立蓋世之功爲一生大憾事。果然則南洲可謂全無欲乎。

吾以爲世俗之所謂無欲者。未必無欲。所謂多欲者。未必多欲。要而論之。則欲之有無多少。惟視其所欲之性質與種類何如耳。彼西鄉南洲之眼中。或以平沼專藏輩爲無欲之極。亦未可知也。貪夫徇財。烈士徇名。哲人徇道。

其趨向不同。則其欲念之所生亦自不同耳。

人莫不欲其最上之物。若以美人爲最上之物。則美人以外。一切屏棄以求之不惜焉。若以金錢爲最上之物。則金錢以外。一切屏棄以求之不惜焉。以至他物他事莫不例是。是故吾人不必求無欲。無欲者決非吾人之所能及也。無寧先自審擇決定。以何物爲最上。而集注一切之欲念以向之。究之無欲云者。無世俗之欲云爾。彼之所欲者。視世俗之欲有加高焉。有加大焉。以此之故。故無暇日以顧俗欲。然則無欲云者。雖謂之以大欲克小欲。以高欲克卑欲。以清欲克濁欲焉可也。

飲冰子曰。孟子曰。養心莫善於寡欲。荀子曰。凡人所欲多。其可用必多。斯二者各明一義。有並行而不相悖者焉。物質上之欲。惟患其多。精神上之欲。惟患其少。而欲求減物質上之欲。則非增精神上之欲。不能爲功。其消息之間。殆有一定之比例。釋迦所以舍淨飯太子之貴。而苦行六年。摩西所以棄埃及職官之安。而漂流萬里。路得所以辭敎皇不次之賞。而對簿大廷。哥侖布所以抛里井優游之樂。而投身遙海。曰惟有欲之故。燕雀烏知鴻鵠志。陳涉芥夫。猶能此言。而況於亙古萬國之聖賢豪傑乎。

孔子不云乎。我欲仁。斯仁至矣。今試問孔子有欲乎。曰孔子天下之多欲而大欲者也。故曰。知之者不如好之者。好之者不如樂之者。孔子之於救天下利生民也。視之如流俗人之好飲食好男女好金錢好名譽。豈惟孔子。凡古今來之聖賢豪傑。彼其畢生之所經營所貫注。旁觀人觀之爲驚天動地。能人所難。百世之下。震駭之膜拜之。而返諸彼聖賢豪傑之本心。亦不過視爲縱欲之具而已。人見有男女之爲情而死者。輒笑之曰。嘻。抑何其癡。而不知聖賢豪傑之爲道而死。爲國而死。爲民而死。其與彼情死者。分量之大小。關係之重輕。雖有不同。至其專注一欲而斷棄他欲則一而已。夫是之謂至誠。嗚呼。安得有以寶玉黛玉之癡情癡欲以餉於國民者乎。吾將執鞭以從之。

佛弟子問佛曰。何謂如來種。佛言無明有愛。是如來種。無明有愛者。多欲之謂也。

## 說悔

語曰。君子之作事也無悔。悔也者。殆非大賢豪傑之所當有乎。雖然。佛教曰懺悔。耶教曰悔改。孔子曰過則勿憚改。凡古今大宗教教育之主旨。無不提倡此義。以爲立身進德不二法門。則又何也。大易四動曰吉凶悔吝。吝者凶之原。而悔者吉之本也。悔何以爲吉之本。凡人之性惡也。自無始以來。其無明之種子。久已熏習於藏識中。故當初受生之始。而無量迷妄。既伏於意根矣。及其住世間也。又受現生惡業熏習所成的社會之熏習。彼此相熏。日習日深。雖有善根。而常爲惡根所勝。不克伸長。不克成熟。於是乎欲進德者。不可不以戰勝舊習爲第一段工夫。大學曰作新民。能去其舊染之汚者謂之自新。能去社會舊染之汚者謂之新民。若是者非悔末由。悔也者。進步之原動力也。

子張。吳之駔儈也。顏涿聚。魯之大盜也。而能受學孔子。爲大儒。曰惟悔之故。大迦葉。富樓那。皆頑空之外道也。而能深通佛乘。列於十八大弟子之數。曰惟悔之故。保羅。與耶穌爲難最力者也。而能轉心歸依。弘通彼教。功冠宗門。曰惟悔之故。至如衞之賢大夫蘧伯玉。行年五十而知四十九年之非。晉之名士周處。幼年爲三害之一。後乃刻厲自新。爲世名儒。以子夏大賢而喪子喪明。懟天痛哭。自訴無罪。及聞曾子之面責。乃投杖而起曰。吾過矣。吾

過矣。吾離羣索居亦已久矣。彼其心地何等磊落。其氣象何等俊偉。百世之下。如見其精神焉。下至文章雕蟲小技。而楊子雲猶稱每著一書。悔其少作。曹子建言好人譏彈其文。有不善者。應時改定。茲事雖小。然彼等所以能在數千年文界卓然占一席者。亦豈不以是耶。魏武帝自言曹操做事從來不悔。曹操之所以能爲英雄者以此。曹操之所以不能爲君子者亦以此。悔之時義大矣哉。

悔之發生力有二途。一曰自內。二曰自外。自內發者。非有大智慧不能。否則如西語所謂「煙士披里純」有神力以爲之助也。自外生者。或讀書而感動焉。或閱事而感動焉。或聽哲人之說法而感動焉。或聞朋友之規諫而感動焉。要之當其悔也。恆皇然凜然。有今是昨非之想。往往中夜瞿省。汗流浹背。自覺其前者所爲。不可以立於天地。所謂一念之間。間不容髮。非獨大賢豪傑有之。卽尋常人亦莫不有焉。特視其既悔後之結果何如耳。

凡言悔者。必曰悔悟。又曰悔改。蓋不悟則其悔不生。不改則其悔不成。易曰。不遠復。無祇悔。元吉。孔子繫之辭曰。顏氏之子。其殆庶幾乎。有不善未嘗不知。知之未嘗復行也。是故非生其悔之難。而成其悔之難。曾文正曰。從前種種。譬猶昨日死。從後種種。譬猶今日生。故眞能得力於悔字訣者。常如以一新造之人。立於世界。大學所謂日日新者耶。一人如是。則一身進步。國民如是。則一國進步。

悔改之與自信。反對之兩極端也。佛法既言懺悔。又言不退轉。今欲以悔義施諸教育。得無導人以退轉之路耶。抑彼信道不篤。巽懦畏事。半途棄其主義者。豈不有所藉口耶。曰。是又不然。孟子曰。自反而不縮。雖褐寬博。吾不惴焉。自反而縮。雖千萬人。吾往矣。大學曰。所謂誠其意者。毋自欺也。如惡惡臭。如好好色。此之謂自慊。凡人之行事。善不善。合於公理不合於公理。彼各人之良心常自告語之。非可以假借者也。是故昔不知其爲善而棄之。昔不知其爲惡而蹈之。或雖知之而偶不及檢。遂從而棄之蹈之。及其既悟也。既悔也。則幡然自新焉。是之謂君子之悔。若乃前既已明知之矣。躬行之矣。而牽於薄俗。怵於利害。溺於私欲。忽然棄去。艾己尤人。是之謂小人之悔。君子之悔。其既悔既改也。常泰然若釋重負。神明安恬。小人之悔。其既悔既改也。常靦然若背有芒。夜夜忐忑。君子之悔。一悔而不復再悔。小人之悔。且又將有大悔之在其後也。然則眞能悔者。必眞能不退轉者也。何也。悔也者。進步之謂也。非退步之謂也。

機埃的格言

偶閱德富蘇峯所著書。有譯機埃的氏格言數則。輒重譯之。以實自由書。

古人所思索之外。亦無足供我輩今日之思索者。我輩惟務反覆思之。重思之耳。

蘇峯案「天地間無新事物」一語。實不易之眞理。欲舉萬物萬事而自我發明之。蓋妄人耳。熟路雖熟。若重來而加以視察。則清新之景。常在目前。

任案學者求新知識。固屬要事。然於當前陳腐之事物。決不可輕看而吐棄之。吾今日每讀中國理學家之書。常覺其於國民教育上。有一大部分之關係。每讀中國歷史。覺其趣味濃深。應接不暇。

淤泥之耀。限於日光所照之間。

蘇峯案日光不照。則淤泥惟淤泥耳。

任案是故人必嘗有所獨得。不可依附末光。無論任事。無論講學。皆當爾爾。

善也。美也。不能自知者也。

蘇峯案善美之所以爲善美惟在不自知其善美而已若自覺其如是則善美之香味立卽消散蓋無邪者善美之最要原質也桃李不言下自成蹊其愛絕淸絕在於不自知其芬馥也

忘恩者一種之弱性也吾未見有能之士不感謝他人也

蘇峯案常認識自己之負債了了不忘者英雄兒之有眞骨頭者也管仲豈忘鮑叔哉

有愛與己同臭味之人而求之者有愛與己異臭味之人而尋之者

蘇峯案人有種種世界有種種以此之故

任案愛同己者常人之性也愛異己者求益之道也電氣必合正負兩電而後生力生物必和陰陽兩性而後發榮人不可不務以反比例之事物自鑑自進

吾人當因其性之所近以講求世界有形無形之學世界者常有光明之方面則有暗黑之方面也

蘇峯案樂天家常覺世界爲極樂厭世家常覺世界爲極苦極苦極樂惟在一心

任案世界無論何等社會皆含有種種色相不親入其社會不能知也一旦入之別有天地別有國土一蜂也一蟻也一土也一石也物理學家終身研究之不能盡焉政治社會宗教社會學者社會商業社會勞働社會盜賊社會乞丐社會苟入其一而以慧眼觀察之無往而不可得最眞最大之原理雖然通其一萬事畢有光明之方面則黑暗之方面亦光明矣生也有涯知也無涯故因性之所近可以知世界

希望者失意人之第二靈魂也

蘇峯案有希望則可轉失意爲得意

任案。有希望則雖失意亦得意。希望愈遠愈大者。無入而不自得也。

熱心者最大之價值也。雖然吾人不爲其所驅遣。乃得其眞價值。

蘇峯案。人若爲熱心之奴隸。則熱心如狂氣一般。其價值復何有焉。

任案。人莫患爲他人之奴隸。尤莫患爲自己之奴隸。爲人奴隸。猶可解脫。爲己奴隸。則永無解脫之時。所謂爲己奴隸者。心爲形役是也。故吾常言心爲形役者。奴隸之魁。而最可哀憐者也。據此言。則心爲心役。猶且不可。況於形役乎。

無論何人必不於其僕隸之前逞英雄。無他。惟英雄能識英雄。若施之於僕隸輩。則亦惟得其同輩的僕隸之良月旦耳。

任案。凡欲博聲名於流俗人者。可懸此語爲當頭棒喝。

智者愚者俱無害。最危險者。惟在半智半愚之人。

蘇峯案。生兵法者。大敗之基也。

凡作事。將成功之時。其困難最甚。

蘇峯案。此閱歷世途者所無異辭也。

任案。行百里者半九十。有志當世之務者。不可不戒。不可不勉。

勿以知而自足。宜應用之。勿以欲而自足。宜實行之。

蘇峯案。此乃驅吾人使百尺竿頭更進一步之金言也。惟此一步。實人之所以爲人也。

## 富國强兵

有貧國弱兵者。有貧國强兵者。有富國弱兵者。有富國强兵者。若葡萄牙。若希臘。貧國弱兵也。若意大利。若日本。貧國强兵也。若比利時。若荷蘭。富國弱兵也。若英吉利。若法蘭西。若德意志。富國强兵也。此十九世紀世界舞臺之大概也。有可以富國强兵。今則兵雖强而國未富者。俄國是也。有可以富國强兵。今則國雖富而兵未强者。美國是也。有可以富國强兵。今則國亦未富兵亦未强者。中國是也。此三國者。二十世紀世界舞臺第一等重要之國也。

俄國之必將富。美兵之必將强。是可懸定之問題也。中國之將以貧弱終乎否乎。是難定之問題也。中國之地不貧而國貧。中國之民不弱而兵弱。是世界一怪現象也。然則其貧之弱之者。必有一魔鬼實作梗作弄於其間。吾國民但當求得魔鬼所在而祓除之。則二十世紀之舞臺。將爲吾國民所專有。未可知也。

## 世界外之世界

諸葛孔明初與石廣元徐元直孟公威等俱遊學。三人務精熟。諸葛獨觀大略。常抱膝長嘯。而謂三人曰。卿等仕進可至刺史郡守。三人問其所至。但笑而不言。日惟躬耕隴畝。好爲梁父吟。嗚呼此何等心胸。何等氣象。彼其於羣雄擾攘四海鼎沸之頃。泊然置其一身於世界外之世界。而放炯眼以照世界。知自己之爲何人。知世界之爲何狀。己與世界有如何之關係。知己在世界當處如何之位置。蓋其所以自審自擇者。固已夙定。必非欲以苟全性命於亂世終其身也。蓋知彼三人者。隨時勢之人而已。乃造時勢之人也。嗚呼。眞人物。眞豪傑。其所養有如此者。

人也者。好羣之動物也。（此西儒亞里士多德之言）近自所親。遠及所未見。相交互而成世界。雖然。日處於城市雜遝之地。受外界之刺激熏染。常不復自識我之爲我。故時或獨處靜觀。遁世絕俗。然後我相始可得見。顧所謂遁世絕俗者。其種類亦有數端。一則旁觀派者流。僞爲堅僻詭異之行。立於世外。玩世嘲俗。以爲韻事佳話。所謂俗中笑俗。毫無取焉。次則以熱心之極。生一種反動力。抱非常之才。覩一世之瞶瞶。不忍揚波餟醨。乃甘與世絕。不以泯泯汚察察。不以騏驥任駑駘。此三閭大夫之徒也。君子哀之。且深敬之。亦有性本恬淡。獨稟淸淑。不樂與人間世交涉。而放浪形骸之外者。古今高流之詩人。往往有之。如李白之詩所謂問余何事棲碧山。笑而不答心自閑。桃花流水杳然去。別有天地非人間。其天才識想。自相高出於凡俗者。但此等人於世界無甚關係。吾甚愛之。不願學之。尋常人能入世界。而不能出。高流者能出世界。而不能入。最高流者。既入之。復出之。既出之。復入之。卽出卽入。非出非入。貴哉尚乎。望之似易。行之甚難。雖不可强而致。顧不可不學而勉。無論如何尋常之人。日爲尋常界所困。如醉如夢。及其偶遇一人獨居。更無他事之時。時或有翛然灑然。與天地爲伴侶。而生不可思議之思想者。英國某小說所載一段。有足描寫此情態者。其言曰。

狄西將軍之征埃及也。有一騎士爲亞剌伯人所擒。深夜伺隙竊逃。沿尼羅河上流。急鞭疾驅。盡馬力所及。馬卒疲斃。遂獨遺一身於浩浩沙漠之中。欲進不能。欲退不得。惟啜咀椰子以自活。萬籟無聲。乾坤寂寥。極目一望。渺茫無涯。惟見地平線盡處。如畫如綴。絕望之極。抱椰樹痛哭。時鼓無聊之勇氣。大聲而呼。其聲惟遠消散於沙際。曾無反響。偶覺有之。則惟心所幻造而已。寂寥之餘。萬感累動。遠想故國之天地。車如流水。馬如遊龍。雜遝繁華之境。歷歷在目。過此數日。每日必有無量數之新感想。湧起陡落。欲禁而不能自禁。於孤身隻影人聲全絕之間。忽開出自然之祕密藏。得不可思議之感悟。見太陽之出又沒。沒又出。覺有無限莊嚴之象。隱於人界。或見一二怪禽之高翔。數片旱雲之掩空。紅黃碧綠。種種色相。凡映於眼簾者。則其心藏必緣之而浮一新想。一輪孤月。透破夜色。光閃沙上。四望燦爛。涼風簸沙。自成波線。動漾無息。時或暴風怒號。峨峨沙柱。挺立寥空者。殆百十數。俄然風息。星斗闌干。爽氣頓生。恍如聽空中皇裔微妙之天樂。自謂此中樂趣。爲生平所未遇。以後欲追之而無計可得。蓋其愉快有不足爲外人道者。

夫以彼騎士不過尋常一濁物。非能有道心眞自得者。而處於此境。尚能發爾許之思想。增爾許之智慧。物之移情。固如是乎。

畫師之作畫也。往往舐筆伸紙。注全身之力於隻手。其心惟在畫上。不及其外。然時或退兩三步。若五六步。凝視之。更執筆向紙。如初如是者數次。而畫乃完成。詩家亦然。常有苦思力索。撚斷髭莖。終不得就。時而擲筆遊想。不見有詩。惟見有我。妙手偶得佳句。斯搆故成。連學琴。導之海上。飛衞教射。視蝨如輪。天下事固有求之於界線之內而不得。求之於界線之外。然後得之者。鄭裨諶善謀。謀於野則獲。謀於邑則否。無論何人何事。常有此一段境界。善用之者。斯爲偉人。

偉士麥稍有休暇。則退舍於田園。或單身入夜。彳亍散步。其所計畫國事。多在此時。彼雖非理想家。然其所經營。常超越凡人。不好爲規矩所束縛。故常脫羈絆。而住於惟我獨尊之境。彼嘗在福郎克戈寄一短牋於其夫人云

「舟以某日泛乘因河。予乘明月。泳乎中流。浮露水面僅鼻與眼。晁浴時許。直達濱涯。徹夜悄靜。循流徐行。仰視惟見月星娟娟橫睇兩崖。巒巘重疊。如迎如送。綦布平原。惟古戰場耳根所接。僅有水聲泠然。恍兮乃似幽夢。噫嘻一年三百六十日安得旹旹有此游。」格蘭斯頓亦然。退食之暇。屏妻子去婢僕。一人退於後園。伐木丁丁然。自餘大宗教家更多斯蹟。摩哈默德在覓加爲商。單身遁於寂寞之地者數次。其悟道也。實在希拉之一淺洞。釋迦牟尼苦行六年。乃起於菩提樹下。哲人傑士。罔不如是。

何以故。淸明在躬。則志氣如神。天下固未有昏濁營亂之腦質。而可以決大計立大業者。而凡大人物大豪傑。其所負荷之事愈多愈重。則其與社會交接也愈雜愈繁。非常有一世界外之世界。以養其神明。久而久之。將爲尋常人所染。而漸與之同化。卽不爾。而腦髓亦炙涸。而智慧亦不得不倒退。故欲學爲大人物者。在一生中不可無數年住世界外之世界。在一年中。不可無數月住世界外之世界。在一日中不可無數刻住世界外之世界。嗚呼。風雨如晦。雞鳴不已。雖不能至。心嚮往之。

## 輿論之母與輿論之僕

凡欲爲國民有所盡力者。苟反抗於輿論。必不足以成事。雖然。輿論之所在。未必爲公益之所在。輿論者。尋常人所見及者也。而世界貴有豪傑。貴其能見尋常人所不及見。行尋常人所不敢行也。然則豪傑與輿論常不相容若是。豪傑不其殆乎。然古今爾許之豪傑。能爛然留功名於歷史上者。踵相接。則何以故。

赫胥黎嘗論格蘭斯頓曰。格公誠歐洲最大智力之人。雖然。公不過從國民多數之意見。利用輿論。以展其智力而已。約翰摩禮（英國自由黨名士格公生平第一親交也）駁之曰。不然。格公者。非輿論之僕。而輿論之母也。格公常言。大政治家不可不洞察時勢之眞相。喚起應時之輿論。而指導之。以實行我政策。此實格公一生立功成業之不二法門也。蓋格公每欲建一策行一事。必先造輿論。其事事假借輿論之力固不誣也。但其所假之輿論。卽其所創造者而已。

飲冰子曰。謂格公爲輿論之母也可。謂格公爲輿論之僕也亦可。彼其造輿論也。非有所私利也。爲國民而已。苟非以此心爲鵠。則輿論必不能造成。彼母之所以能母其子者。以其有母之眞愛存也。母之眞愛其子也。恆願以身爲子之僕。惟其盡爲僕之義務。故能享爲母之利權。二者相應。不容假借。豪傑之成功。豈有僥倖耶。

古來之豪傑有二種。其一以己身爲犧牲。以圖人民之利益者。其二以人民爲芻狗。以遂一己之功名者。雖然。乙種之豪傑。非豪傑而民賊也。二十世紀以後。此種虎皮蒙馬之豪傑。行將絕跡於天壤。故世界愈文明。則豪傑與輿論愈不能相離。然則欲爲豪傑者如之何。曰其始也。當爲輿論之敵。其繼也。當爲輿論之母。其終也。當爲輿論之僕。敵輿論者。破壞時代之事業也。母輿論者。過渡時代之事業也。僕輿論者。成立時代之事業也。非大勇不能爲敵。非大智不能爲母。非大仁不能爲僕。具此三德。斯爲完人。

## 文明與英雄之比例

世界果藉英雄而始成立乎。信也。吾讀數千年中外之歷史。不過以百數十英雄之傳記磅礴充塞之。使除出此百數十之英雄。則歷史殆黯然無色也。雖然。使其信也。則當十九世紀之末葉。舊英雄已去。新英雄未來。其毋乃二十世紀之文明。將隨十九世紀之英雄以墜於地。此中消息。有智慧者欲一參之。

試觀英國。格蘭斯頓去矣。自由黨名士中。可以繼起代興者誰乎。康拔乎。班拿曼乎。羅士勃雷乎。殆非能也。試觀德國。俾士麥去矣。能步其武者。今宰相祕維乎。抑阿肯羅乎。抑亞那特乎。殆非能也。試觀俄國。峨查伋去矣。能與比肩者。謨拉比埃乎。謨拉士德乎。殆非能也。然則今日歐洲之政界。殆冷清清地。求如數十年前之大英雄者。渺不可覩。而各國之外交愈斂活。兵制愈整。結財政愈充溢。國勢愈進步。則何以故。

吾敢下一轉語曰。英雄者不祥之物也。人羣未開化之時代則有之。文明愈開。則英雄將絶跡於天壤。故愈在上古。則英雄愈不世出。而愈見重於時。上古之人之視英雄。如天如神。崇之拜之。以爲終非人類之所能及。中國此風亦不少如關羽岳飛之類皆是若此者。謂之英雄專制時代。卽世界者英雄所專有物而已。降及近世。此風稍熄。英雄固亦猶人。人能知之。雖然。常秀出於萬人之上。鳳毛麟角。爲世界珍。夫其所以見珍者。亦豈有僥倖耶。萬人愚而一人智。萬人不肖而一人賢。夫安得不珍之。後世讀史者。嘖嘖於一英雄之豐功偉烈。殊才奇識。而不知其沈埋於蚩蚩蠕蠕渾濁黑暗之世界者。不知幾何人也。

二十世紀以後將無英雄。何以故。人人皆英雄故。英雄云者。常人所以奉於非常人之徽號也。疇昔所謂非常者。今則常人皆能之。於是乎彼此皆英雄。彼此互消。而英雄之名詞。遂可以不出現。夫今之常人。所以能爲昔之非常人。而昔之非常人。只能爲今之常人者。何也。其一由於教育之普及。昔者教法不整。其所教者。不足以盡高才人腦筋之用。故往往逸去。奔軼絶塵。今則諸學大備。智慧日平等。平等平等之英雄多。而獨秀之英雄自少。其二由於分業之精繁。昔者一人而兼任數事。兼治數學。中才之人。力有不及。不得不讓能者以獨步焉。今則無論藝術。無論學問。無論政治。皆分勞赴功。其分之日細。則專之者自各出其長。而兼之者自有所不逮。而古來全知全能之英雄。自不可復見。

若是乎世界之無英雄。實世界進步之徵驗也。一切衆生皆成佛。則無所謂佛。一切常人皆爲英雄。則無所謂英雄。古之天下所以一治一亂如循環者何也。恃英雄也。其人存則其政舉。其人亡則其政息。卽世界藉英雄而始成立之說也。故必到人民不倚賴英雄之境界。然後爲眞文明。然後以之立國而國可立。以之平天下而天下可平。

雖然。此在歐美則然耳。若今日之中國。則其思想發達文物開化之度。不過與四百年前之歐洲相等。不有非常人起。橫大刀闊斧以闢榛莽而開新天地。吾恐其終古如長夜也。英雄乎英雄乎。吾夙昔夢之。吾頂禮祝之。

## 干涉與放任

古今言治術者不外兩大主義。一曰干涉。二曰放任。干涉主義者。謂當集權於中央。凡百皆以政府之力監督之助長之。其所重者在秩序。放任主義者。謂當散權於個人。凡百皆聽民間自擇焉自治焉自進焉。其所重者在自由。此兩派之學者。各是其所是。非其所非。皆有顚撲不破之學理。以自神明其說。泰西數千年歷史。實不過此兩主義之迭爲勝負而已。於政治界有然。於生計界亦有然。大抵中世史純爲干涉主義之時代。十六七世紀爲放任主義與干涉主義競爭時代。十八世紀及十九世紀之上半。爲放任主義全勝時代。十九世紀之下半。爲干涉主義與放任主義競爭時代。二十世紀。又將爲干涉主義全勝時代。

請言政治界。中世史之時。無所謂政治上之自由也。及南歐市府勃興。獨立自治之風略起。爾後霍布士陸克諸哲。漸倡民約之論。然霍氏猶主張君權。及盧梭興。而所以掊擊干涉主義者。不遺餘力。全世界靡然應之。演成十九世紀之局。近儒如約翰彌勒。如斯賓塞。猶以干涉主義爲進化之敵焉。而伯倫知理之國家全權論亦起於放任主義極盛之際。不數十年已有取而代之之勢。疇昔謂國家恃人民而存立。寧犧牲凡百之利益以爲人民者。今則謂人民恃國家而存立。寧犧牲凡百之利益以爲國家矣。自今以往。帝國主義益大行。有斷然也。帝國主義者。干涉主義之別名也。

請言生計界。十六七世紀。重商學派盛行。所謂哥巴政略者。披靡全歐。各國相率倣效之。此爲干涉主義之極點。及十八世紀。重農學派興。其立論根據地。與盧梭等天賦人權說同出一源。斯密亞丹出。更取自由政策。發揮而光大之。此後有門治斯達派者。益爲放任論之本營矣。而自由競爭之趨勢。乃至兼并盛行。富者益富。貧者益貧。於是近世所謂社會主義者出而代之。社會主義者。其外形若純主放任。其內質則實主干涉者也。將合人羣使如一機器然。有總機以紐結而旋掣之。而於不平等中求平等。社會主義。其必將磅礴於二十世紀也明矣。故曰二十世紀爲干涉主義全勝時代也。

然則此兩主義者。果孰是而孰非耶。孰優而孰劣耶。曰皆是也。各隨其地。各隨其時。而異其用。用之而適於其時與其地者則爲優。反是則爲劣。曰今日之中國。於此兩主義者。當何擇乎。曰今日中國之弊。在宜干涉者而放任。宜放任者而干涉。竊計治今日之中國。其當操干涉主義者十之七。當操放任主義者十之三。至其部分條理。則非片言所能盡也。

## 不婚之偉人

老子曰。人不婚宦情欲失半。此其言殆有至理焉。頃讀某報。列舉近世不婚之偉人。如史學家之吉朋。謙謨。柏格兒。哲學家之笛卡兒。巴士卡爾。斯賓挪莎。康德。霍布士。陸克。盧梭。邊沁。斯賓塞。科學家之奈端。斯密亞丹。文學家之福祿特爾。格黎。政治家之維廉。龍特。加富爾。梭馬。皆終身獨居之人也。此外尚多不能枚舉其最知名者耳　文豪索士比亞。擺倫。皆有妻而極言有妻之害。謂天才與妻不能兩立者也。而近世大政治家若格蘭斯頓。若俾士麥。若的士黎里。則自謂生平之成功。得於賢內助者居多云。兩者孰爲正理。吾以爲欲以不婚率天下。非可行也。而早婚與多婚二者之陋俗不除。則國民之聰明才力消沮於是者不知幾許。有志改良羣治者。其勿以爲一私人之事而忽之。

## 嗜報之國民

今世文明國國民。皆嗜讀報紙。如食色然。而發達最速者。莫如美國。美國當五十年前。卽西曆一千八百五十年。全國報館僅有二百五十四種。讀報者七十五萬八千人。至今年一千九百二年有報一萬一千二百二十六種。讀報者一千五百十萬人。五十年前。全國報館印出報紙總數四萬萬零二千六百四十萬部。今年增至八十一萬萬零六千八百五十萬部。今年統計。全國報館平均支出費用美銀一萬萬零九千二百四十四萬元。內主筆訪事及司理人等共二萬七千五百餘名。支出薪俸美銀二千七百萬元。職工共九萬四千人。支出薪俸美銀五千萬元。其餘機器紙料雜費等支出美銀五千萬元。全國報館平均收入金美銀二萬萬零二千三百萬元。收支相消。實每年贏餘總額美銀三千萬元。据美國最近人口統計。凡七千六百五十餘萬人。以此比例。是六人中必有一人讀報者也。中國民數五倍美國。以此比例。應有讀報人八千萬有奇。每年印出報紙總數。當在四百五十三萬萬零四千萬有奇。嗚呼。吾中國何日始能有此盛況乎。不禁慨歎。然美國五十年中。增率二十倍有奇。安知中國五十年後。其盛大不有更驚人耳目者乎。是在造時勢之英雄焉矣。

以今日金值計之。美銀一元。當中國口岸通用銀二元。是美國全國報館每年總支出數。將近四萬萬元。其總收入數。將近四萬萬零五千萬元。視今日中國國帑出入總數。且三倍矣。嗚呼。人之度量相越。乃至如是耶。

## 奴隸學

偶讀顏氏家訓有云。「齊朝一士夫。嘗謂吾曰。我有一兒。年已十七。頗曉書疏。教其鮮卑語。及彈琵琶。稍欲通解。以此伏事公卿。無不寵愛。吾時俯而不答。」嗚呼。今之學英語法語者。其得毋鮮卑語之類耶。今之學普通學專門學者。其得毋彈琵琶之類耶。吾欲操此業者。一自省焉。毋爲顏之推所笑。

## 希望與失望

希望者。靈魂之糧也。而希望常與失望相乘。失望者。希望之魔也。

今日我國民。全陷落於失望時代。希望政府。政府失望。希望疆吏。疆吏失望。希望民黨。民黨失望。希望漸進。漸進失望。希望暴動。暴動失望。希望自力。自力失望。希望他力。他力失望。憂國之士。溢其熱血。絞其腦漿。於彼乎。於此乎。皇皇求索者有年。而無一路之可通。而心血爲之倒行。而腦筋爲之瞀亂。今日青年界中。多少連犿俶詭之現象。其起因殆皆在失望。

失望之惡果有二其希望而不甚誠者及其失望也則退轉其希望而甚誠者及其失望也則發狂今之志士由前之說者十而七由後之說者十而三

## 國民之自殺

發狂之極其結果乃至於自殺自殺之種類不一而要之皆以生命殉希望者也故凡能自殺者必至誠之人也一私人有自殺一國民亦有自殺何謂國民之自殺明知其道之足以亡國而必欲由之是也夫人苟非有愛國心則胡不飽食而嬉焉而何必日以國事與我腦相縈故凡自殺之國民必其愛國之度達於極點者也既愛之則曷爲殺之彼私人之自殺者固未有不愛其身者惟所愛之目的不得達故發憤而殉之痛哉自殺苦哉自殺一私人之自殺於道德上法律上皆謂之有罪私人且然況乃一國死者不可復生斷者不可復續嗚呼我國民其毋自殺

不自由毋寧死固也雖然當以死易自由不當以死謝自由自殺者志行薄弱之表徵也嗚呼我强毅之國民其毋自殺

有無意識之自殺有有意識之自殺今舉國行尸走肉輩皆冥冥中日操刃以殺吾國者也故惟恃彼輩以外之人庶幾拯之淩假別出一途以實行自殺主義是我與彼輩同罪也嗚呼我有意識之國民其毋自殺

## 成敗

吾於五年前始爲自由書，而以成敗章託始焉。今吾將復論成敗。

天下無必成之事，而有必敗之事。治事者量其事之必成而後爲之，則終無一事之可治也；若量其事之必敗而故爲之，則治事亦更何取也。孔子曰：必也臨事而懼，好謀而成。嗚呼！閱歷稍久之後，其必有感於斯言矣。吾昔持無成無敗之理想，以謂造一因必有一果，而其結果之遲速遠近，非淺見者所得論定。由今思之，吾爲一事而誠能造出一因，以冀百數十年以後若數千萬里以外之結果者，則固謂之成不謂之敗焉矣。而天下事固有靡多少之日力，絞多少之腦漿，及其一敗塗地，乃如煙消雲散，渺然無復微痕薄跡之可尋，問於將來世界有絲毫影響乎？共事一二人和血吞而已，而他更何有也？傷哉失敗。

且持雖敗不敗之理想者，少年初入世初任事之人類多能之。雖然，此不過客氣耳。失敗者最易墮人志氣也。一敗再敗之後，而最初一往無前之概已萎喪而無復存，吾見此者數矣。非其人之中變，而根器實有所不任也。上等根器固非磨涅之所能懼，其奈芸芸衆生具中等以下之根器者十而七八也。嗚呼！此其所以往而不返也歟。

問者曰：子爲此言，其阻人辦事之心不亦甚乎？答之曰：不然。辦事者有成有敗者也，而不辦事則全敗者也。知成敗之義者，其必知所擇矣。惟當其辦事也，雖不能要以必成，而必盡其智力所及以期於可成；雖不能保其不敗，而必謀定後動，而毋或立於必敗。此豈徒爲達救世之目的而已，抑亦自養其氣勿使夭絕之一法門也。曾文正曰：多條理而少大言。又曰：紮硬寨，打死仗。善哉善哉！吾師夫！吾師夫！雖然，天下豈有終身不經失敗之人哉？學諺有之：『做過不如錯過，錯過不如錯得多。』失敗者，實天惠之學校也。能受此天惠與否，則亦視其人也已矣。

## 加藤博士天則百話

日本文學博士加藤弘之德國學派之泰斗也。專主進化論。以愛己心爲道德法律之標準。其言固多偏激有流弊。然持之有故。言之成理。故其影響及於日本學界者甚大焉。余夙愛讀其書。故不欲紹介其學術於中國。蓋慮所益不足償所損也。雖然。今日學術思想勃興之時代。終非可以人力阻止某種學派。不使輸入我國。苟强阻止之。是又與頑固之甚者也。況能成一家之言者。必自有其根柢條理。苟其能理會其全體。而不藉口其一端。則不論何學派。而皆有裨於羣治。且天下之方術多矣。擇而從焉。淘而棄焉。豈不在我。故今取其天則百話。謹譯以諗同學焉。雖東鱗西爪。而博士學術之大概。亦在是矣。

## 實學空理之辨　原話一

論者或以直接有效用於實業之學科。謂之實學。反此者謂之空理空論。如機器製造礦學電學工程等應用科學。最有益於實業者。謂之實學。其他物理學化學者。雖純正科學。然以其爲應用學之根柢。故亦謂之實學。至如哲學心理學羣學等專主理論。不依物質者。則動誚爲空理空論。此實謬見也。學科之虛實眞僞。不在其所研究之客體。而在其能研究之主體。按主客能所等字乃佛典通用語日人亦常用之此處原文不如此特因其措詞複雜故以此二語譯意代之若哲學心學羣學者並所研究之客體。而亦非空也。雖然。此等無形之學科。其發明眞理。固自不易。以故前此之治此業者。其所持論。自往往類於空漠無朕。然其中含眞理者。亦已不尠矣。況在今日思想勃興。治此等學科者。必非空搆揣測。而自滿足。往往依嚴格的科學法式。以求其是。然則論者之妄生分別。其陋亦甚矣。羣治開化。決非徒恃有形之物質也。而更賴無形之精神。無形有形。相需爲用。而始得完全圓滿之眞文明。徵諸今日之歐洲。有彰明較著者矣。

## 自由研究　原話十三

人羣一切之事物與天然界一切之事物同皆緣物競天擇優勝劣敗之作用逐漸進化雖學問宗教亦循此天則而不可逃避者也故無論言學言教皆宜一聽研究者之自由毫無他界以爲之束縛然後教學乃可以發達釋迦脫婆羅門之束縛而興佛教耶穌脫猶太教之束縛而興景教歐洲近世諸碩學脫景教之束縛而興新學問皆其明效大驗矣惟其研究之自由也故能排其舊者以興其新者一與一廢之間皆天演學所謂自然淘汰之作用也苟無此作用則學問宗教終不得作用進步

乃或既用自由研究之力排他人以自立矣及其既立之後又怙自己之勢力轉以妨害他人之自由是所不可解也若耶穌教徒是也耶氏之所以能立新政豈不賴此自由力乎哉迨勢既成又用世俗的權力以侵來者之自由何其不思也雖然耶教之迂腐虛妄固終不可抵抗新學問至於今日勢力漸墜固已不得不豎降幡新學界之轅門矣夫彼迷信宗教之徒固執法誡惟其教祖之忠僕猶可言也若乃教門以外之人猶或設種種口實以壓制思想自由識見之陋劣實可驚矣如倫理道德一科蓋最受其毒者也俗論者流動謂古昔相傳之倫理道德必非容後人之擬議其得失雌黃其是非者也苟其有此則害名教也壞風俗也設此等種種虛漠之口實而曾不能依學理以相辯難嗚呼持論不依於學理而欲學問之進步亦難矣

## 我輩九百九十年前之祖宗　原話十四

人莫不有父母是曰雙親父亦有其父母母亦有其父母是爲吾之祖父母者其數四人祖父亦有其父母祖母亦有其父母是爲吾之曾祖父母者其數八人曾祖父母亦各有其父母是爲吾之高祖父母者其數十六人如

是遞推之而三十二人．六十四人．百二十八人．祖先之數．逐漸加增．至不可思議．今試以三十年爲一代計之．積三十三代．九百九十年．則其祖宗祖之多．有令人失驚者．其表如下．

| | |
|---|---|
| 父母二 | 祖父母四 |
| 曾祖父母八 | 高祖父母十六 |
| 第五祖三十二 | 第六祖六十四 |
| 第七祖一百二十八 | 第八祖二百五十六 |
| 第九祖五百十二 | 第十祖千零二十四 |
| 以上凡三百年 | |
| 第十一祖二千零四十八 | 第十二祖四千零九十六 |
| 第十三祖八千一百九十二 | 第十四祖一萬六千三百八十四 |
| 第十五祖三萬二千七百六十八 | 第十六祖六萬五千五百三十六 |
| 第十七祖十三萬一千零七十二 | 第十八祖二十六萬二千一百四十四 |
| 第十九祖五十二萬四千二百八十八 | 第二十祖一百零四萬八千五百七十六 |
| 以上凡六百年 | |
| 第二十一祖二百零九萬七千一百五十二 | 第二十二祖四百十九萬四千三百零四 |
| 第二十三祖八百三十八萬八千六百零八 | 第二十四祖一千六百七十七萬七千二百十六 |

第二十五祖三千三百五十五萬四千四百三十二　第二十六祖六千七百十萬八千八百六十四

第二十七祖一億三千四百二十一萬七千七百廿八　第二十八祖二億六千八百四十三萬五千四百五十六

以上凡九百年

第二十九祖五億三千六百八十七萬零九百一十二　第三十祖十億七千三百七十四萬一千八百二十四

第三十一祖廿一億四千七百四十八萬三千六百四十八　第三十二祖四十二億九千四百九十六萬七千二百九十六

第三十三祖八十五億八千五百九十三萬四千五百九十二

以上九百九十年

然則十代三百年間祖先之數。應有千零二十四人。二十代六百年間。應有一百零四萬八千五百七十六人。三十代九百年間應有十萬萬零七千三百七十四萬一千八百二十四人。再加三代共三十三代。九百九十年間。應有八十五萬萬八千八百九十三萬四千五百九十二人。表而出之。實有令人可驚可笑者。雖然此就親族血統不相婚嫁者言之耳。然古來親族間婚嫁。實繁有徒。故其實數並不若是其夥也。

按此條無關實學。不過以其有趣譯之。資談助耳。

## 利己心之三種　原話九十四

自昔學者。皆謂人類有利人利己兩心。同立並存。吾以為為此說者。皆由其眼光局促。未能及於人類以外者也。自昔學者。皆以人為一種特別之生物。本為萬物之靈。故其研究種種性質。眼界全限於人類範圍之內。而不能及於其外。至於今日。進化之學理大明。人類由動物進變之說。既已若鐵案之不可動。故研究人類身心之現象。

皆不可不並下等動物而研究之。此近世學者所同認矣。故吾今日論利己利人兩心。亦不得不推本於是。試觀下等動物之心性。則惟見其有利己心耳。無更所謂利他心者存。舍己之欲。以爲他謀。概乎未有聞也。其漸進步而爲高等動物。稍帶羣性。則於自利之外。亦微有利他之意。但不能眞爲他謀也。不過不妄害他而已。蓋既相聚以爲生存。則專謀自己之利者。終不可保自己之安全。故不利他而亦不敢妄害他。此卽利他心之發端也。進化以至人類。則無論若何野蠻種族。其合羣之性。綜比諸高等動物。愈加確固。故利他之行爲。亦隨而進步。及至大文明大開化之社會。而利他心亦更盛大矣。此實天演大圈轉移變化之情狀也。夫論一人身心之現象。不可不徵其遺傳於父母。然則論人羣身心之現象。亦不可不徵其遺傳於遠祖之動物明矣。而自昔學者未嘗能依此例以爲論据焉。此所以誤認後起之利他心。以爲固與利己心並存而俱來也。

由是言之。則利他心不過爲利己心之一變體明矣。吾今得區利己心爲三種類。

第一「無限純全之利己心」第二「有限純全之利己心」第三「變形之利己心」所謂無限純全之利己心者。卽下等動物之利己心。惟盡己力所及以謀自利。毫不顧其他者也。所謂有限純全之利已心者。卽稍帶羣性之高等動物。雖謀自利而稍有限制。不妄害其他者也。所謂變形之利己心者。卽尋常人所稱爲利他心者也。此種利己心。高等動物雖稍有之。然至人類界而始進步。蓋其目的本非爲他人計。但欲自謀眞實之利。(或利於身或利於心)則非先謀他人之利不可。其利他也。不過其一利己之手段也。故謂之變形之利己心。

此三種之利己心。自有高下之別。顯而易見者也。卽第一種行於普通動物界。第二種行於高等動物界。第三種行於人類界也。雖然。人類者。又兼此三種而有之也。大抵第二種其最通行。人人同具者也。至於第一第三兩種。

則因各人特別之性質而有所偏。而所偏於第一種者甚多。第三種之利己心。即利他心其別亦有二。一曰唯物的。二曰唯心的。謀他人之利而我因得物質上實益之報償。所謂唯物的也。謀他人之利而我之本心因以愉快焉。順適焉。所謂唯心的也。此二者。其利害竟歸於我。故名爲利他心而實則爲利己心無可疑矣。凡人於其所親愛之人。視之每如與己之同體。若父子兄弟夫婦朋友之間往往形異體同。幾無復彼我之別。故相互視其幸福。而憂其災害。以尋常論之。此可謂利他心。全非由利己心而出者也。雖然實乃不然。彼以其一體同情之故。見彼之幸福。而我已不勝愉快。見彼之災害。而我已不堪其痛苦。此其中殆有莫之爲而爲莫之致而至者焉。故其利他也。畢竟自爲心上之利益謀也。然此等心在本人亦並不見其利己計也者。故以意識論。可謂之利他。以本源論。實仍爲利己也。夫利益之高等者。不在軀殼之樂而在心魂之樂。故此種心實利己心中之最高尚最優美者也。譯者案唯物的利己心唯心的利己心本文未有明說博士別有所著道德法律進化之理一書言之最詳他日當擇譯之參觀邊沁學說之案語亦見其概

宗教家言道德家言。常敎人以利他之爲務。此乃利用吾人心性上之快樂。以使人勉爲善人。爲君子。爲孝子。爲名婦者也。吾人但從其敎則可以得此美名。而吾心亦以大快。此實普渡衆生之妙法門也。而溯其本源。乃不出於利己心之外。苟無利己之心。則雖聖賢亦無從施其敎也。然則利他心亦非能離利己心而自發生也明矣。雖然此種高尚之利己心自吾人之意識自觀之。則已爲利他而非利己也。故此種意識。漸遺傳於子孫。而日以發達。久而久之。則若與生俱來者。然學者所以誤認利他心爲離利己心而能獨立者。皆坐此焉耳。由此觀之。則利己心必非可惡可賤者。若其第三種第二種實人類生存所不可缺之具也。唯第一種之利己心則害羣莫大焉。苟僅有此一而無彼二者。是則非人而禽獸也。

譯者案。此加藤博士學說之要點也。其他種著述。發明此義。動累萬言。反覆詳盡。盛水不漏。日人推尊之者。以爲發泰西學者未發之蘊。其反對之者。則以爲正義之公敵。人道之蟊賊。蓋日本學界諸先輩中。其受毀譽最劇烈者。未有若加藤氏之甚者也。平心論之。則所謂愛他心者。乃人羣所以成立之大原。日培植而滋長之。猶懼其不殖。而何必抹而殺之。使並爲利己心之附庸。倡此說者。是不啻恐人類之不知自私自利。而復教猱升木也。故此等學理。最不宜行於今日之中國。雖然。加藤氏之意。則亦有在焉。彼見夫今日之人類。其於利他之事業。終不能安而行之也。故與其逆而節焉。不如順而道焉。大發明欲利己不可不先利他之義。以爲卿等所謂利。非眞利也。苟其眞欲自利。則請求之於自利之外。此加藤氏所以雖蒙一國之非難。而卒堅持其說。不少變也。（吾於日本各報中見他人攻難加藤及加藤答客難之論文。已不下百數十通）夫人苟能將其「唯心的變形愛己心」擴充而光大之。則始焉視一家所親爲一體者。浸假而視一鄉爲一體矣。浸假而視一國爲一體焉。可矣。浸假而視天下爲一體焉。可矣。浸假而視一切衆生爲一體焉。可矣。此特視其以太之感覺力何如耳。（此其義劉陽仁學發之最透。）夫既視一鄉一國天下衆生皆爲一體。將見其苦。則吾無端而忽生大苦。見其樂。則吾無端而忽生大樂。易所謂吉凶與民同患。維摩經所謂衆生病。是故我病。審如是也。則吾不欲利己則已。苟欲利己。則吾不可不爲一鄉一國天下衆生。思所以去其苦而生其樂。蓋不如是。則吾將痛苦而無極也。審如是也。雖利己何病。加藤氏立論之本意。雖未必有得於是。然吾人讀其書者。不可不作如是觀也。大抵凡成一家之言者。其中必含有眞理者存。苟善讀之。無不可以爲進德之助。孔子不云乎。三人行。必有我師焉。而何以加藤氏之言之爲病也。若夫耳食其一二。而因以之自恣焉。抱持彼第一等禽獸利己心。而自託於加藤之徒。卽加藤亦有不任受者矣。

# 記斯賓塞論日本憲法語

日本近出之雜誌『太陽』有一文題曰『故斯賓塞氏與日本憲法』者。博士金子堅太郎所撰。自述其十五年前斯氏對話之語。斯氏曾與彼約。謂當生前不許宣布。故金子氏之筆記藏之篋中者十五年。今斯氏既逝。乃發表云。此亦有一讀之價值也。

金子氏記初見斯氏時。以伊藤博文所撰日本憲法義解贈彼。乞其批評。斯氏未讀其書。先發問曰。余有所最疑者一事。憲法之爲物。始自英國。美國繼之。其後各國又繼之。大率皆由國民要求逼迫。或購之以血而始得制定。獨日本者。建國以來。一系相承。爲專制獨裁之國體。民樂其化。未聞有要挾强逼之事。今乃平地湧現。生出此憲法。其故何由。金子氏乃詳告以日本建國以來之歷史。更及明治維新以後之事。若何而廢積年沿習之封建制。若何而採輿論爲改制之方針。以定開國之國是。若何而於太政官之下置三職八局。若何而設待詔院諸機關。若何而置元老院大審院。以劃行政司法之範圍。若何而開地方官會議以啓自治之端緒。如是者既二十年。而乃有憲法之成立。決非突然而生者云云。斯氏乃曰。得之矣。得之矣。吾向以此問題質諸貴國多人。莫能答也。今聞吾子言。吾知其與進化公例不謬矣。越數日。斯氏讀憲法義解卒業。乃函招金子氏於其家。有所語。其言如下。

余以爲一國之憲法及其附屬法律。必須與本國之歷史及國體有同一之精神。同一之性質。苟不爾者。則當其憲法法律實施之時。其困難必不可思議。終不能達立憲之目的而已。余懷此意見旣久。故曩者曾與駐英之日本公使森有禮氏有所語。謂日本若欲制定憲法。必當採漸進保守主義。以本國之歷史習慣爲基礎。而旁採歐美各國之所長。使日本遺傳之政體與歐美立憲主義相調和。此其最要也。若破壞舊體。而創設新制。則殊非我之所望。何則以物質界論之。凡齎外國之草木以移殖於本國者。勢不能與外國結同一之花實。此植物學之原理也。惟憲法亦然。歐美諸國之憲法。各各因其國體歷史及習慣而成立。決非取他國之法文。翻譯之而執行之也。余當時所以語森氏者若此。今見足下所示之日本憲法。讀其註解。知一本於日本古來之歷史習慣。以漸進保守主義爲宗。此余之所最贊成也。顧吾更有一言。欲爲日本政府告者。則將來實行此憲法。比於制定憲法時。尤爲困難。此不可不深察也。制定憲法者。不過以少數人士之精勤而可以成就。若實行憲法。則國民全體之大事業。其難有什伯倍於其初者。試以美國之實例證明之。美國憲法之精神。在人民平等。上下皆有同一之權利。乃行之數十年。而美之憲法政治。漸集於政黨之掌握中。其政黨亦多由政治家之利己主義。良民不勝其苦。質而言之。美國人於憲法之空文上。得有平等之權利。其在事實上。乃不得享之也。以政治學之原理論之。政府之事業。當漸次輕減。使人民各以個人自營之。故政府最終之目的。則放任主義也。此論爲余生平所最主張。君之所知也。雖然。以今日社會之實際。未足語於是。放任主義者。不過立乎今日以指將來。謂具足圓滿之世界。當如是耳。故論政府權力範圍之廣狹。必使國民人人皆養成自立自働之精神。無需政府之誘導。而自能各守其義務。又無須政府之禁遏。而自能不侵他人之權利。不害社會之安寧。夫如是。則政府之事業。可以縮至極狹隘之區域。於是乎政治學之原理。乃可實行。誠以埃及金字塔譬之。則未開化國之政府。猶塔之初階也。余所主張放任主義之政府。猶塔之絕頂也。政治之進路。由初階漸次以達絕頂。其進步程度。一依其國民智德力之程度以爲定。欲不經初級二級三級之順序。一躍而達於絕頂。勢固不可得達。卽達矣亦隨而蹶耳。故吾所望於貴國政府者。依此學理而熟察日本國現時之地位在金字塔之第幾級。據現在所立之地而漸升焉。苟欲爲躐等之進步。不特於憲法之實行諸多窒礙。而其不利於國家及國民者。更遠且大也。（下略）

案斯氏所論可謂博深切明。昔天演學者通用語。皆曰物競天擇。優勝劣敗。而斯氏則好用『適者生存』一語。誠以天下事無所爲優。無所爲劣。其不適於我也。雖優亦劣。其適於我也。雖劣亦優。夏之裘。冬之葛。美非不美。而服之皆足以生病。則不適之爲害也。不解此義。而以之掌持議論國家事。其危亦甚矣。斯氏所忠告於日本政府者。曰自審其國民地位在第幾級。吾以爲凡自愛其國者。皆不可不三復斯言矣。斯氏又斷斷然以本國之歷史習慣爲言。毋亦以進化之公例。從無突然發生之物。皆循其遺傳而遞變焉。經若干年。而其狀態乃大異耶。然則吾國民之所以愛吾國者。其亦有道矣。苟不審吾之歷史若何。習慣若何。而曰是物者現時各國行之而最優者也。吾攫而取之。夫如是則吾亦可以自廁於優勝之林。豈知一切事物。固有在彼爲優。而在我反爲劣者耶。乃知不健全之理想。非徒無益而又害之。吾願我政論家平心靜氣。以一聽前賢之遺訓也。

## 中國之社會主義

社會主義者。近百年來世界之特產物也。隱括其最要之義。不過曰土地歸公。資本歸公。專以勞力爲百物價値之原泉。麥喀士曰。現今之經濟社會。實少數人掠奪多數人之土地而組成之者也。拉士梭爾曰。凡田主與資本家皆竊也盜也。此等言論。頗聳聽聞。雖然。吾中國固夙有之。王莽始建國元年下令曰。『漢氏減輕田租。三十而稅一。而豪民侵淩。分田劫假。厥名三十稅一。實十稅五也。父子夫婦終年耕耘。所得不足以自存。故富者犬馬餘菽粟。驕而爲邪。貧者不厭糟糠。窮而爲姦。』所謂分田劫假者。注云。『分田。謂貧者無田。取富人之田耕種。共分其所收。假者。如貧人賃富人之田也。劫者。富人劫奪其稅。欺淩之也。』此卽以田主資本家爲劫盜之義也。又宋蘇洵曰。『自井田廢。田非耕者之所有。而有田者不耕也。耕者之田。資於富民。富民之家。地大業廣。阡陌連接。募召浮客。分耕其中。鞭笞驅役。視以奴僕。安坐四顧。指麾於其間。而役屬之民。夏耨秋穫。無有一人違其節度以嬉。而田之所入。己得其半。耕者得其半。有田者一人。而耕者十人。是以田主日累其半以至於富强。耕者日食其半以至於窮餓而無告。』此等言論。與千百六十六年萬國勞力黨同盟之宣言書。何其口吻之逼肖耶。中國古代井田制度。正與近世之社會主義同一立腳點。近人多能言之矣。此不縷縷。

## 記日本一政黨領袖之言

某日某與吾友某某。會日本某政黨領袖某君於某所。叩以政黨初立時之情形。所言有深足令我輩感動者。歸而記之。

某君曰。我日本之有政黨。本起於維新時代。薩長土肥四藩及東北人士咸有功於王室。而薩長二藩。憑藉尤厚。遂據要津。行藩閥專制政治。蓋武門秉政。實我日本八百年來歷史之遺傳性。且夕未能驟革也。於是土佐及東北人士。咸懷不平。思起而抗之。此政黨所由起也。

某君曰．時則福澤諭吉先生．其德性最與平民主義相近．雖一度受幕府命．游歷歐美．及歸．則不復宦遊．而惟設一慶應義塾於三田．專鼓吹英國學風．國中不平之民．咸就學焉．慶應義塾者．實政黨之製造場也．

某君曰．政黨與藩閥戰．已卅餘年．至今未休．而初期之戰尤烈．當時藩閥握政府之全權．政黨無絲毫勢力．無一寸立足之地．而政府之所以對我者．其嚴辣之手段．至今言之．猶有餘痛也．改府之偵探．至密且嚴．凡民黨中有力之人．一舉一動．一言一話．皆纖悉偵之．而一一報告於當道．若起居注焉．數人密室之會談．被偵得者十而七八也．茶亭飯店．無所容議論之地．無論矣．乃至私宅賃舟．一無所逃．嘗有政府所派偵探．自匿於某家疊敷（日本席地坐其室中之席名曰疊）之下．七日夜．持辨當（日本有以小薄木匣盛冷飯宿饌以備旅行及工人用者名曰辨當）以充飢．探聽隱事．洪纖不遺者．我輩又嘗蕩舟中流．密議大計．自謂天神之外．莫余覺也．乃壯語方酣．忽有突起水中．而捕縛余者．則政府警吏．鳧以相隨．其伏我舷側．詗我於水中者．蓋已半日也．其他手段．大率類是．

某君曰．某嘗與黨員某某．至橫濱．同購炸藥．已購得歸．而密庋之．待用．乃笑相語曰．警吏手段精矣．密矣．而猶未也．使我輩爲政府．必將置一攝影器於販賣炸藥者之室．使往購者無術以逃其影．則我輩今日不已殆乎．方睥睨自鳴得意．乃翌日而政府逮捕之命下．引至法廷．法吏笑語曰．吾儕不如公等．能爲攝影器．顧吾之攝聲器．亦足以代耶．其他手段．大率類是．

某君曰．當時政府及民黨．皆各務蓄養壯士．狹路相逢．動輒決鬬．故吾儕出入．必以劍自隨．

某君曰．政府務絕我輩經濟之來源．欲使我坐困．凡我輩或以團體之資格．或以私人之資格．欲營一實業者．政府必多方以破壞之．使不能自存．不寧惟是．凡地方實業家．稍與我輩往來．形跡嫌疑者．政府亦必以對付吾黨之手段對付之。故有力者避我輩惟恐不遠。懼其浼己也。我輩亦不欲累人茹荼嚼雪。期以自力貫徹之而已。內之既須蓄養壯士。外之復為運動之費。而全黨皆若涸轍之鮒焉。其苦況豈復能以言語形容者。勿論他人。即如鄙人者。當時同志寄居舍下以十數。往往欲寄一信。而主客十餘人欲共湊兩錢購一郵政票而不可得。一人出門。則其他不得不居守。何也。主客十餘人而帽惟一。帶惟一。裙惟一。履惟一也。明治二十三年國會開。鄙人被舉於議員。而出席時所被之一禮服。猶十餘人共醵之也。

某君曰。政府之陽惡。既若是矣。其陰謀之可畏。則更甚焉。吾黨既在直接間接壓制之下。無以謀生。逼於飢寒。政府瞯其至窘之頃。則陰遣人貸以金錢。訂期償還。及期而拶逼之不稍假借。瞯其益窘也。又陰遣人別貸之。及期拶逼又如之。而其目的要在有所誘脅以迫之使改節。或初貸時誘脅焉。或再貸三貸時誘脅焉。雖有鐵漢。不墮其彀者鮮矣。嗚呼。此吾黨最吃虧之一端也。

某君曰。計當時政府專為對付民黨。其警察偵探壯士乃至種種陰謀所費。蓋歲六百萬金云。浪擲國民膏血。其罪猶小。而其摧壞國民志氣。墮落國民名節。至使今日政黨中猶帶腐敗之氣。其影響及於全國民之道德。則吾至今言之。猶有餘痛也。

某君曰。今者吾黨之對於藩閥政府。以三十年血戰之結果。雖未可云已獲全勝。顧吾黨之目的。其已達者則什八九矣。終局之全勝。在我不在彼。又國人所同信也。

某君語竟。某乃退而與吾友相語曰。嗚呼。我國民黨志節之委靡。能力之脆薄。有以夫。有以夫。孟子曰。其操心也危。其慮患也深。故達。今之志士。燕居談笑。而道革命。酒食徵逐。而言破壞。無惑乎其心不細。機不警。志不卓。行不堅。運動不進。而條理不立也以若斯脆弱之政府。吾黨猶不能動其毫髮。吾黨尙何顏以語國事耶。使吾黨處於日本政黨初立時之地位。將若何也。雖然能力以相搏而後鍊成使吾黨處於日本政黨初立時之地位。則吾黨之能力或將有進乎。吾未能決之。

## 記越南亡人之言

年月日。主人兀坐丈室。正讀日本有賀長雄氏之滿洲委任統治論。忽有以中國式名刺來謁者。曰□□□。且以一書自介紹。其發端自述云。吾儕亡人南海遺族。日與豺狼鷹鸇爲命。每磨眼望天。拔劍斫地。輒鬱鬱格格不欲生。噫吾且死矣。吾不知有生人之趣矣。次乃述其願見之誠。曰吾必一見此人而後死。吾必一見此人而後死。無憾。且爲言曰。落地一聲哭。即已相知。讀書十年眼。遂成通家。援此義以自信其無因至前之不爲唐突也。得刺及書。遽肅入。則一從者俱。從者蓋間關於兩粵二十年。粗解粵語者也。客容憔悴。而中含俊偉之態。望而知爲異人也。相將筆談數刻。以座客雜。不能盡其辭。蓋門弟子輩。見有異客。咸欲一覩其言論丰采。侍左右者以十數也。更訂密會。後期行越二日。復見於所約地。蓋橫濱山椒臨太平洋之一小酒樓也。海天空闊。風日麗美。自由春氣。充溢室內外。而惡知其中乃有眼淚洗面之人在坐。定叩客行程。客曰自越之亡。法政府嚴海禁。私越境者罪且死。滅等亦錮諸崑崙。（按崑崙越之南洋一小島也名見瀛涯勝覽）乃若僕者。爲敵忌滋甚。欲乞一通涉國內之關津劵且不可得。遑論出境。僕之行。改華服。冒華籍。僞爲旅越華商之傭僕者。僅乃得脫耳。然一人逃亡。五族縶夷。僕蓋茹痛飲恨。奉母以終其天年。母之既亡。乃遺妻寄子於僻陬甿隸。乃今始得自效於外。余曰傷哉君也。客曰豈惟鄙人。國中貴族長老。慘阸且倍蓰。乃解貼懷小革囊。出一物相眎。視之則其畿外侯乞給通行券之文也。文曰。

東宮□□□□皇太子□□□□□侯□□稟爲乞文批事緣卑竊聞貴國有□□□□□□□□□□□□
□□□□□□□□□□□等因卑竊揆卑係初生未識□□□□□如何事體玆卑乞帶隨家人二名一往
恭瞻□□以委徵情並便反回□□□□□□收拾□□□骸骨□□埋葬庶免漂流伏乞住
京貴欽使大臣恤及文批許卑便執通行以防別礙今肅 稟 成泰□□年□月□□日

其紙用法政府印稅紙。法總督署名簽印焉。余讀一過。泫然不知涕之承睫也。曰傷哉傷哉。腰下寶玦青珊瑚。可憐王孫泣路隅。問之不肯道姓名。但道困苦乞爲奴。亡國之貴冑。其現狀乃如此哉。宋代之稱姪稱子。猶天上矣。時則客淚如墮。麈談紙溼漬。

余曰客哀止。願畢其詞。且吾聞越尚有君。今何如矣。客曰。乙酉之役。法人遷我君咸宜帝於南非洲之阿爾熱城。禁絕南人毋得通問訊。於茲二十年生死誰卜。今君號曰成泰。昔之親王。而法所擁立也。卽位時纔十齡。蓋不利吾有長君。是以置此。歲受俸六千。木居士焉爾。賞自從九品以上。罰自杖十以上。皆關白法吏。贅疣於其間。奚爲也。余曰。余誠哀客。誠敬客。顧貴邑中志客之志者。幾何人矣。抑相率奴隸於法人。保一時殘喘以自適也。客曰。弟子沐甚風櫛甚雨。間關奔走國中垂二十年。山陬海澨。所攀結殆遍。今矢天日。不敢爲謾言以欺長者。簿計國人可分五等。喬木世臣。衣被國恩旣數百祀。懷子房報韓之志。有三戶亡秦之戚。此中膏粱紈袴。固其本性。然錚錚佼佼。蓋非絕無。一二巨室。爲世所宗。乘雲易奪。則亦有焉。其可謀者。二十得一。若乃羽林孤兒。丹穴孽子。在昔乙酉之難。勤王詔下。薄海雲涌。乂安河靜北寧山西諸轄（按越南省名也）。飛蛾赴火。驚蜂戀巢。倡義最多。拒持最久。事後獮薙亦最烈。今雖窮蹙帖屈。而怨毒積心。公仇私仇。有觸卽發。此輩無絲毫勢力。而猛鷙之氣。過死當壞。舉國之中。十有二焉。次則生計路絕。哀鴻嗷嗷。不樂其生。求死無路。渴望勝廣。有如雲霓。絕無遠謀。有呼斯應。其若此者。十人而五上則承學之子。悲憫是與。東馳西越。餐血飲淚。寧與國俱死。不與敵同生。所感非恩。所憤非仇。惟以血誠立於天地。似此落落。固無幾人。然受創日深。求伸日急。雞鳴風雨。聲聞於天。百人之中。亦一二焉。以上四派。其在國中占十之八。此外爲倀爲狐。蓋十一二。但齷齪猥瑣。全無才智。彼寧忠於法。忠於衣食耳。一旦有事。亦法內蠹也。

余曰。哀哉偉哉。客言信耶。果爾爾者。我國其猶慚諸。有人如此。國其能終亡。客曰。當國之未夷也。爲之倀者。將謂有私利也。從而導之。其一則天主教徒。其一則通寄之輩也。寧知君俘社屋。鳥盡弓藏。法之視彼。與常奴等耳。前此未亡以前。所予以特別利益。剝奪靡孑遺。而西來教僧。益束縛魚肉之。故景教之徒。怨毒逾倍。十年以前。曾有私邀英艦。欲圖洩忿。機露被逮。火戮者百數焉。皆教徒。而昔之鷹犬也。若其傭於官署。爲輿臺者。初則假以詞色。以爲功狗獵弋所獲。俾餕其餘。及其將盈。則一舉而攫之。彼輩直法虜之僕。滿耳奴顏婢膝。二十年所贏者。亦僅免凍餒。他於何有。彼輩卽冥頑。今亦知悔矣。但噬臍而已。余聞而憮然。有間不復能置答。竊自默念曰。安得使我滿洲山東人聞此言。安得使我舉國人聞此言。

客曰。安南之國。面積二十六萬三千英方里。與日本埒。全國人口。據法人所籍身稅。搜銀丁簿。云二十五兆。蓋西貢十兆。東京順京及諸省共十五兆云。實則不止此數。蓋搜銀（案此稅則之名稱指口算也）甚重。掩匿甚多。法人行政。法實非能密。惟西貢爲大吏所駐。搜括逾密。所籍殆得實數。西貢以外。當尚三四十兆。全國則四五十兆。近之人數。寧下於日本。有豪傑撫而用之。亦霸王之資矣。自茲以往。余與客詰難應對甚詳。余有固守祕密之義務。不能宣也。惟中間客言。法兵駐越者。實數不逾五千。而所練越兵。殆四十萬。守禦之役。一任越兵耳。苟得間。則遂人殲齊指顧問也。余曰法人究以何道能夷然晏坐使四十萬越兵戢戢受範。客曰。無外援而暴動能殲之於內不能拒之於外此奚待蓍龜者且前此既屢試矣事蹶之後株及鄰保夷及宗族豈無義憤不成則獨身坐無足惜者如父母邱墓何蓋法人所恃以箝制吾越者無他道族誅也。如進士宋維新以舉義旗拒法全家被戮發塚也。如進士潘廷逢入山聚義十一年其父尙書潘廷選伯父潘廷通之塚及母墳俱被掘其子潘廷迎梟斬然逢終不屈逢死火其屍此公於南國義人中最赫赫者以東方野蠻之法律還治東方之人如斯而已余矍然曰有是哉以世界第一等專制之中國近古以來此種野蠻法律且幾廢不用曾是覗然以文明人道自命之法蘭西而有是耶而有是耶嗚呼今世之所謂文明所謂人道吾知之矣。

余曰貴國人心憤發若是亦曾有組織團體以圖光復者乎抑客言貴國民氣有餘民智不足公等志士曾亦思所以遣子弟游學海外爲自樹立之遠計者乎客曰昔晉惠帝聞民有飢者咄之曰何不食肉糜先生之言毋乃類是吾越今法律苟非一戶眷屬敢有四人集於一室則緹騎且至而尙何組織團體之可言人民在國中由此省適彼省猶須乞政府之許可由舟而車由車而舟皆易憑照以爲符信不則以奸諜論往往行百里而易劵且至三四也而遑論適異國以遊學也卽有一二欲冒險鑿空以出而父母爲戮墳墓暴骨誰非人子其能安焉嗚呼越南從茲已耳

客又曰法人之所以朘削越南者無所不用其極其口算之率初每人歲一元十年前增倍之今且三之人民住宅粱有稅窗有稅戶有稅室增一窗一戶則稅率隨之其宅城市者葺一椽易一瓦鳴鼓一聲案越人以銅鼓爲宗教品最重之典也故法吏限制之譏客一度皆關白山譚所乞取免許狀不則以違憲論山譚所者警察署之稱也免許狀則稅十分圓之三也畜牛一歲稅金五豕一歲稅金二三狗一歲稅金一貓亦如之雞則半貓狗之稅鹽者南人所最嗜也需

要之額。殆半於華。人法人既征鹽地。又征鹽市。前此鹽一升値銅貨三四十文。今非銀貨三四元。不能得也。人民之生產者。納初丁稅二元。死亡者納官驗稅五元。一戶之中生死稍頻繁。遂足以破產。他更何論矣。結婚者例以貲入教堂。號曰『欄街銀』分三等徵之。上者二百元。次百元。而下者亦五十也。若乃普通生計若茶桂牙角以至林木藥品（砂仁豆蔻之類）凡一切地貨與酒米諸通行品。皆法人掌之。南人莫得營業。有所需則稟呈政府乞買而已。一言蔽之。則法人之立法。使吾越人除量腹而食之外。更無一絲一粟之贏餘。然後爲快也。嗚呼。知我如此。不如無生。彼蒼者天。何生此五十兆之僇民爲哉。

客又曰。往事不可追矣。吾儕固不敢怨法政府。蓋吾越人亦有自取亡之道焉。但使法人務開民智。滋民力。爲吾越掃百年腐敗政敎。使有餘地可以自振拔。則百年後有英雄起而復之。未晚也。其奈既困之。又愚之。嗚呼。更數四年。越人必亡者半。更十餘年。越無遺類矣。此非過憂。彼誠不以人道視吾族也。客語至此。淚涔涔不能仰。

飮冰室主人曰。吾與客語。自辰迄酉。筆無停輟。今掇其所述安南現狀之一部分者。記之如右。顧以吾寫哀之筆。未能殫其什一也。嗚呼。近世憂憤之士。往往懸擬亡國慘狀。播諸詩歌。託諸說部。冀以聳天下之耳目。豈知此情此景。固非理想所能構。更非筆舌所能摹。誰謂荼苦。其甘如薺。今日吾輩所謂若何若何之慘酷者。彼越南人猶望之如天上也。我哀越南耶。越南哀我耶。請君且勿諠。賤子進一言。我不自哀。豈待十年。自有哀我者耳。

飮冰室主人又曰。今歐洲各國文明。皆濫觴羅馬。羅馬全盛時代。即略奪其殖民地人民之生命財產。以莊嚴其都會。以頤使其左右。羅馬文明。實無數人類之寃血之苦淚所構結晶體也。天道無親。惟佑强者。而羅馬之聲譽。遂數千歲照耀天壤。彼其嗣統之國。若今世所謂歐洲某强某强者。受其心法。以鴟張於大地。施者豈惟一法蘭西受者豈惟一越南滔滔者天下皆是也自美國獨立以後而所謂殖民政策者其形式略一變前此以殖民地脂膏供母國揮霍者今略知其非計矣故英屬之澳洲之加拿大其人民權利義務與百年前之美國既大有所異雖然此其同種者爲然耳若美之紅夷澳之黑蠻則何有焉吾未至印度不知印度人之權利義務視越南何如也若乃日本之在臺灣其操術又皆與此異彼之計畫蓋欲使十年以後舉臺灣人而皆同化於日本人也故恆思所以喚咻之除其患害而結其懽心則吾國古代所謂仁政者是也臺灣越南同一易主以表面論則臺灣若天上人矣但今之越南人求死不得死而將來世界上或猶有越南人今之臺灣人熙熙焉樂其生而十年以後世界上無復臺灣人孰禍孰福吾亦烏從知之抑莊生有言彼不材之木也無所可用故能若是之壽臺灣區區數十萬人海賊山番十七八焉日本之力足以吞吐融化之而有餘其假借之而被納之宜爾若越南以五十兆半開化之國民其在內者既有可畏之實然則豈惟法人任取一國易地以處其所以撫之者亦如是矣夫寧不見一年來日本之所以待朝鮮耶今戰事且未集而第二越南之現象已將見矣同一日本而待臺灣與待朝鮮何以異焉其故可思也越南且然朝鮮且然況乃其可畏什伯於越南朝鮮者又何如矣

飲冰室主人又曰羅馬蠻律中世史之殭石自今以往世界進化之運日新月異其或不許此種披毛戴角之僞文明種橫行噬人於光天化日下吾觀越南人心而信之吾觀越南人才而信之

## 張勤果公佚事

張勤果公曜立功咸同間爲中興名將勳名赫然然其佚事少有知者公少貧爲人賃舂有奇力負米累數石性

剛俠。聞不平事。怒眥欲袋。一日負米出。見衆圍觀一少婦。哭欲求死。詢之。則夫死不肯嫁。而姑逼之也。公奮曰。天下豈有此事理者。時姑方在旁。公即以所負米壓其上。斃之。衆鬨然大快。公乘間遁。亡命河南。時河南捻寇起。民都團結自保。公以武勇爲衆所服。推爲團長。羣以行次呼之曰張大哥。張大哥之名著汴宋間。適捻圍固始。其令某。儒者也。有女美而才。度城且破。隨死無益。乃榜於衆曰。有能守此城者。吾以女妻之。當是時。寇張甚。咸莫敢應。以推張大哥。且曰。此豔福非張大哥無可消受者。公笑而起。進謁令。籌守禦。陰念賊衆我寡。非出奇不足取勝。迺以壯士三百。出伏城外。夜三鼓。突起潛襲賊營。城上鳴鼓角應之。呼聲震天地。賊大驚潰。終夜洶洶不絕。時忠親王僧格林沁。方以大軍來援。未至數里。遙見火光中公往來搏戰甚力。驚曰。是何壯士。及至勞問。乃公也。大加歎異。因奏署縣事。并爲公作伐。令遂以女歸公。即夫人也。夫人博通古今。嫻吏事。爲公閱案牘。批竅導要。驚其老吏。公固不知書。任河南布政時。御史劉毓楠劾公目不識丁。遂改總兵。公憤甚。就夫人學。執業如弟子。夫人時訶駡之。公怡然也。後遂通知文史。公自改官。頗不平。數偃蹇朝命。左文襄督師剿回。奏請公領兵。公不應。時嚴旨趣公。門下客多方說公。皆不應。夫人乃謂公曰。汝以功自負。數逆上命。將謂朝廷不能殺汝耶。公聞言蹶起。即往從左公。咋曰。夫人言可畏。夫人言可畏。文襄復奏改公文職。後遂巡撫山東。對屬吏輒言其夫人之能。且曰。汝等畏妻否。或答以不畏者。公正色曰。汝好膽大。妻乃敢不畏耶。蓋公之畏夫人甚也。

## 孫文正公飾終之典

宣統元年十月。大學士壽州孫公家鼐薨於位。特旨予謚文正。飾終之典。備極哀榮。國朝謚文正者。自睢州湯公斌。諸城劉公統勳。大興朱公珪。歙縣曹公振鏞。濱州杜公受田。湘鄉曾公國藩。高陽李公鴻藻。並壽州而八矣。考宋代而謚文正者。僅得三人。曰王曾。曰范仲淹。曰司馬光。明則僅得二人。曰李東陽。曰謝遷。國朝之盛。蓋遠過之。是八人者。睢州未登揆席。且沒後數十年始追謚。湘鄉豐功。本應謚文成。以敬避宣宗尊謚。乃改作正。諸城未嘗爲師傅。是皆與壽州異撰者。自餘五公。大興爲仁宗師。歙縣爲宣宗師。濱州爲文宗師。高陽爲穆宗師。壽州則德宗師也。重規疊矩。衣鉢相承。朝廷所以追崇論恩典學之臣者。殆以文正爲備禮耶。顧嘗論之。朱杜李三相國。皆當宮府危疑之際。具有維持調護之勛。其事甚祕。人間不能詳其始末。身後易名之典。所以特從優渥者。夫固有所自來。歙縣則値昇平暇豫之日。身事長君。無奇節可言。而造膝密謨。殆有爲外廷所不及悉者。恭讀宣廟賜䘏詔書。有獻替不避嫌怨。朕深倚賴。而人不知之語。則其得君之專。固別有在矣。壽州之入侍講幄也。同列共四人。常熟翁相國同龢。實爲領袖。其餘二人。則鄞縣張侍郎家驤。錢唐孫侍郎詒經也。鄞縣早喪。錢唐以他故罷直。始終其事者。惟翁孫二人。常熟恩遇最渥。啓沃亦最深。密勿之謀。上常舍壽州而咨常熟。故黨人嫉妒者。憾常熟切骨。而於壽州稍恕焉。方德宗親政之初。卽罷毓慶宮。而使常熟入軍機。蓋軍機雖日日入覲。恆與同列偕。不比毓慶宮獨對。得以從容坐論。重之適所以疏之也。自此危疑日甚。常熟卒放歸田里。以至削職。而壽州亦以甘盤舊臣。常爲忌者所不慊。遂乞骸骨。旋値六飛西狩。不忍君父之難。而自偷安。乃奔詣行在供職。遂正揆席。而數年來卒不獲居樞要。僅以閒曹累進累退。此中消息。非諳於三十年來掌故者。莫能道其詳也。今身後而優異之。其亦足以稍慰崇陵在天之靈耶。然以視常熟。則有幸有不幸矣。

# 附　歲晚讀書錄

## 蘇彝士運河故道

同治八年法人李涉之開蘇彝士運河。全世界共詫爲不朽之盛業。不知此乃古人之陳跡也。埃及第十九朝第二代之王曰西德者謀開一運河以溝通於尼羅河與紅海之間。未成而殂。其子拉密士繼之。遂卒其業。洎第二十六朝第二代之王匿克時。故道已湮。匿克踵而修之。廣深皆過於昔。凡役工徒十二萬人。欲使當時之三檣戰艦。可以通航。偶因戰亂。遂爾中止。後七十餘年。波斯王大流士修之。工遂竣。時希臘史家海羅多德目擊之。據其所記。則彼運河所在。距今之蘇彝士一英里有半。西北行以溝接於尼羅東部之支流。全徑九十二英里。其成於人力者六十四英里云。厥後爲土砂所淤。至西曆紀元後二百年。羅馬皇帝沙里查再興之。亦不久而淤。紀元後六百餘年。亞剌伯人征服埃及。其酋阿蠻再興之。百餘年而淤。遂不復開。以迄於李涉。由此言之。今世歐人所詫爲掀天震地之偉烈者。數千年前之先民已行之。且不止一再焉。古今人何遽不相及耶。但其地承非洲沙漠之尾閭。淤塞最易。此前代之偉蹟所以不能永其傳於後也。即今之蘇彝士。亦常以此爲患。則李涉之名。能與此河共不朽與否。正未可知耳。今世機器之用大進。人力可以勝天。然則李涉其或遂不朽也。

## 民兵與傭兵之得失

兵制之於人國亦重矣哉。其兵爲義務而戰者。兵愈多則愈强。其兵爲報酬而戰者。兵愈多則愈弱。此可於吾中國唐府兵與彍騎徵之。可於近世英德兩國陸軍之比較徵之。可於古代羅馬與加達治之勝敗徵之。而先例之最古而最顯著者。尤莫如埃及。埃及自攘斥牧王光復舊物以後。四征八討。不戢其武。而服兵役者皆國中望族。當是時。蓋常有勝兵五十萬。遂孕出武族之一階級。其位勢優異於齊民。論者或以此爲埃及固窒之一原因。斯固然也。然埃及之所以伯九有。亦實在是。及第二十六朝以後。（當我國戰國間）希臘人之僑於埃及者日衆。埃王廣募以爲兵。本國武族不勝憤懣。相率而去國者數萬人。埃及遂自茲不復振。展轉以夷於附庸。謂希臘軍人之資格。不逮埃及耶。彼希人固以此時代電掃三洲。莫之能禦矣。然自爲戰則勇。而爲埃及人戰則怯。豈有他哉。吾弟則愛之。秦人之弟則不愛也。此眞古今得失之林也。

## 治具與治道

太史公曰。法令者。治之具。而非制治清濁之源也。可謂至言。近世之立憲國。學者亦稱之爲法治國。吾國人慕其名。津津然道之。一若彼國中舍法之外。即無所以爲治者。不知法乃其治具。而所以能用此具者。別有其道焉。苟無其道。則雖法如牛毛。亦不過充架之空文而已。故全世界中立憲國以數十計。而其聲光爛然日進無疆者。僅數國也。道者何。曰官方。曰士習。曰民風而已。此其言雖若老生常談。聞者鮮不以爲迂。然舍此以外。則實無可以厝國於不拔之途。眞欲救國者。可能無急哉。賈子亦曰。今世以侈靡相競。棄禮誼。捐廉恥。日甚。可謂月異而歲不同矣。而大臣特以簿書不報期會之間以爲大故。至於俗流失。世壞敗。因恬而不知怪。夫移風易俗。使天下回心而鄉道。類非俗吏之所能爲也。俗吏之所務在於刀筆筐篋。而不知大體。嗚呼。是不啻爲今日言之矣。

## 學問與祿利之路

太史公作儒林列傳曰。余讀功令至於廣厲學官之路。未嘗不廢書而歎也。讀者不得其解。謂是史公歎美當時儒學之盛。此誤也。史記一書凡稱廢書而歎者三。其一則十二諸侯年表稱讀春秋歷譜諜至周厲王。其二則孟子荀卿列傳稱讀孟子書至梁惠王問何以利吾國。並此文而三。皆以歎息於世運升降之大原也。蓋古之學者爲學而學。自廣厲學官之制興。於是學者始爲官而學。爲官而學。學自此湮矣。故史公既歷舉六國及楚漢之交齊魯儒生之抱道自重。復舉叔孫通公孫弘以後公卿士夫之趨時承流。兩兩比較。而無限感慨係於言外。班孟堅深知其意。故直揭曰。祿利之路然。誠恥之誠傷之也。日人後藤新平治臺有聲。吾嘗詢以臺灣敎育之狀。答曰。臺人非欲仕進者。則不願就學。欲敎育之普及殊非易易。吾聞其言而欷歔不能自禁。夫臺人此種思想受諸故國者也。而全國中此等思想則自漢開祿利之路以後。相傳以迄今日。而痼疾中於膏肓者也。故科舉一廢。而舉國幾無復嚮學之人。學堂及外國留學生所以不絕者。恃變形之科舉以維持之耳。歐美日本幾於無人不學。而應文官試驗者。不及百之一。此正乃學之所以盛也。我中國若不能將學問與祿利分爲二事。吾恐學之絕可計日而待矣。

## 不悅學之弊

左氏昭十八年傳魯人有見周原伯者與之語不說學歸以語閔子馬閔子曰周其亂乎夫必多有是說而後及其大人大人患失而惑又曰可以無學無學不害不害而不學則苟而可於是乎下陵上替能無亂乎嗚呼何其言之壹似爲今日言之也我國數千年來不悅學之風殆未有甚於今日者六經束閣論語當薪循此更閱十年則千聖百王之學精華糟粕舉掃地以盡矣或曰今者新學方興則舊學之銷沈亦非得已日本明治初年其前事也雖然日本前此之鶩新學則眞能悅之而以所學名其家與傳其人者輩出焉日本之有今日蓋學者之功最高我則何有治新學者以之爲應舉之敲門磚而已門闢而磚旋棄其用恰與前此之帖括無以異夫前此學子雖罔不困於帖括而帖括以外必尚有其所學者其所學之致用與否勿具論要之舍肉慾外更有此以供精神上之愉快於以維繫士夫之人格毋使墮落太甚而國家元氣無形中往往受其賜今也舊學則視爲無用而唾棄之矣至其所謂有用之新學其價値乃僅得比於帖括吾國需此變形之帖括何爲也哉孟子曰上無禮下無學喪無日矣是豈可不爲寒心也

## 警偸

左氏文十七年傳襄仲如齊復曰臣聞齊人將食魯之麥以臣觀之將不能齊君之語偸臧文仲有言曰民主偸必死明年齊人弑其君商人昭元年傳天王使劉定公勞趙孟於潁劉子曰子盍遠績禹功而大庇民對曰老夫罪戾是懼焉能恤遠吾儕偸食朝不謀夕何其長也劉子歸以語王曰趙孟將死矣爲晉正卿以主諸侯而儕於隸人朝不謀夕棄神人矣是年冬趙孟卒夫於言語之間而以懸斷人壽命短長之數其理若甚幽眇不可憑實

乃不然。人之所以託命於天地者。則精神為之君。偷也者。苟且圖安於旦夕。而不恤其後者也。後之不恤。其精神哀哉耗矣。精神耗而營魄能存未之聞也。此心理與生理相屬之至道也。豈惟個人心理有之。即社會心理亦然。舉國人而有偷食朝不謀夕之心。國未有不亡者也。故吳季札聽鄭樂而卜其先亡。錫西羅於西羅馬之末葉。而決其不可救。亦於其人民之心理察之而已。故孔子以民不偷為貴。今吾國內治之艱鉅。外侮之憑陵。豈不足懼。而惟君民上下之習於偷為足懼。苟不思警其何以十稔。

## 雪浪和尚語錄二則

梅長公問和尚。如此世界壞極。人心壞極。佛菩薩以何慈悲方便救濟。請明白提出。勿以機鋒見示。和尚以手作圓相曰。國初之時。如一錠大元寶相似。長公疾呼曰。開口便妙。了速道速道。和尚曰。這一錠銀。十成足色。斬碎來用。卻塊塊是精的。人見其太好。乃過一爐火。攙一分銅。是九成了。九成銀也還好用。再過第二手。又攙一分。是八成了。八成後。攙到第三第四乃至第七八手。到如今只見得是精銅。無銀氣矣。長公曰。然則如何處置。和尚曰。如此則天厭之。人亦厭之。必須一併付與大爐火烹鍊一番。銅鉛鐵錫銷盡了。然後還他十分本色也。長公曰。如此則造物亦須下毒手也。和尚曰。不下毒手。則天地不仁。造化無功。而天地之心。亦幾乎息矣。

和尚嘗示諸門弟子曰。天地古今無空闕之人。無空闕之事。無空闕之理。自古聖人不違心而擇時。捨事而求理。以天下之事是吾本分之事。以古今之事是吾當然之事。所以處治處亂處吉處凶。皆是心王遊衍大中至正之道。今人動以生不逢時權不在我為恨。試問你天當生個甚麼時候處你纔好。天當付個甚麼權與你纔好。我道恨時恨權之人。皆是不知自心之人。故有悖天自負之恨。又安知死死生生升升沈沈皆是自己業力哉。你不知自心業力強弱。不看自己種性福德智慧才力學行造詣機緣還得中正也無。卻乃恨世恨時恨人恨事。且道天生你在世間所作何事。分明分付許多好題目與你做。你沒本事自不能做。如世間庸醫不恨自己學醫不精。卻恨世人生得病不好。天當生個甚麼好病。獨留與你醫成你之功。佛祖聖賢將許多好脈訣好藥性好良方好製法留下與你。你自心粗不能審病診脈量藥裁方。卻怪病不好治。豈神聖工巧之醫哉。你不能醫。則當反諸己。精讀此書。深造此道。則自然神化也。果能以誠仁信義勉強力行向上。未有不造到聖賢佛祖地位。向下未有不造到英雄豪傑地位。今人果知此義。則自不敢恨生不逢時權不在我。自爲暴棄之人也。

滄江主人曰。和尚可謂獅子吼也已。其所謂大爐火烹鍊一番者。即陸象山所謂激厲奮迅抉破羅網焚燒荊棘蕩夷汙澤。吾輩心境陷溺既久者。非用此一番工夫。則無以自進於高明。而欲救舉世人心之陷溺。舍此亦更無其道。但當用何種手段以行烹鍊。則吾至今猶未能得其法耳。其箴流俗恨時恨權之蔽。眞乃一棒一條痕一摑一掌血。今國中頑鈍無恥之小人不足責。其號稱愛國之士君子。殆莫不以生不逢時權不在我二語自飾。遂相率委國事於不問。吾以爲疾風知勁草。盤錯別利器。時勢愈艱。則英傑愈當思所以自效。吾儕生此時。天之所以厚我者至矣。若權之云者。則豈必其尸君相之位。乃始有之。一介之士。皆可有焉。特其種類及其作用有不同耳。謂時勢地位可以困人。無有是處。其見困者。皆自暴自棄之結果耳。萬險萬難。皆可拯拔。惟舉國人皆自暴自棄。則眞無可言者。何也。以其既造此惡業力。則所受之報。未有不與之相應也。難者曰。今既舉國人相率以造此惡業力。欲以一二人與之抗。無異捧土以塞孟津。亦何能爲。然則謂時勢不能困人之說非也。應之曰。佛法最明熏習之義。惡根固能熏善根以隨染。善根亦能熏惡根以向淨。而凡所熏者。以一部分成爲個人所得之業。以一部分成爲社會所得之業。而應報之遲速大小。則視其熏力之强弱何如。孰謂一二人不足以易天下也。彼聖賢佛祖。豈並時而斗量車載者哉。就令未能立挽狂流。亦當期效於方來。蓋社會之生命。賡續而無極者也。自古雖極泯棼之世。未嘗無一二仁人君子。自拔流俗。而以其所學風天下。而乾坤之所以不息。吾儕之所以不盡爲禽獸。皆賴此一二仁人君子心力之賜也。即國家之事。一切不許我自效。若乃自效於此。則誰能禁之。夫苟能自效於此。則所效者已大矣。是故人生在世。終無可以自暴自棄之時。而凡持厭世主義者。皆社會之罪人。天地之罪人也。

雪浪和尚者。明季大德。與憨山大師同稱法門龍象者也。

## 使法必行之法

商君書畫策篇云。國之亂也。非其亂法也。非法無用也。國皆有法。而無使法必行之法。嗚呼。何其一似爲今日言之也。數年來新頒之法令。亦既如牛毛矣。其法之良否勿論。要之諸法皆有。惟使法必行之法則無之。夫法而可以不必行。是亦等於無法而已。是法治之根本已撥。而枝葉更安麗也。中國而長此不變。則法愈多愈速其亂而已。然則使法必行之法維何。則君民共守之憲法是已。而舉其實。必賴國會。然則專制國遂絕無使法必行之法乎。曰亦有之。上戴英斷之君主。而佐以公忠明察之宰相。則法亦可以使必行。君相苟非其人。而復無國會。則凡百之法。皆益亂者也。

## 治治非治亂

荀子曰。君子治治。非治亂也。然則國亂將不治歟。曰。國亂而治之者。非案亂而治之之謂也。去亂而被之以治。人汙而修之者。非案汙而修之之謂也。去汙而易之以修。故去亂而非治亂也。去汙而非修汙也。（不苟篇）嗚呼。治道盡於是矣。今中國之言治者。皆案亂而治之者也。數百年來之積弊。皆珍惜保襲之。不肯損其毫末。而日日施行新政不暇給。此猶治病者未能祛寒熱邪慼。而貿貿然進以參苓。其死於參苓必矣。董子曰。琴瑟不調甚者。必解而更張之。乃可鼓也。爲政而不行甚者。必變而更化之。乃可理也。此去亂而被之以治之說也。

## 君主無責任之學說

君主無責任。爲近世立憲政體之一大義。而我國周秦諸子實已發明之。愼子云。君臣之道。臣有事而君無事也。君逸樂而臣任勞。臣盡智力以善其事。君無與焉。仰成而已。事無不治。治之正道然也。人君自任而務先下。則是代下負任蒙勞也。臣反逸矣。故曰。君人者好爲善以先下。則下不敢與君爭善以先君矣。皆稱所知以自掩覆。有過則臣反責君。逆亂之道也。君之智未必最賢於衆也。以未最賢而欲善盡被下。則下不贍矣。苟君之智最賢。以一君而盡贍下則勞。勞則有倦。倦則衰。衰則復返於人。不贍之道也。是故人君自任而躬事。則臣不事事也。是君臣易位也。謂之倒逆。倒逆則亂矣。（民雜篇）尸子曰。夫使衆者。詔作則遲。分地則速。是何也。無所逃其罪也。言亦有地。不可不分也。君臣同地。則臣有所逃其罪矣。（發蒙篇）管子亦云。心不爲五竅。五竅治。君子不爲五官。五官治。（九守篇）又云。以上及下事謂之矯。又云爲人君者。下及官中之事。則有司不任。（俱君臣篇）今日中國之患。全在有司不任而有所逃其罪。非直逃其罪。乃反責過於君。而其所以致此者。則以君臣同地。而君代下負任蒙勞故也。三子之言於君主所以必須無責任之故。發揮無餘藴矣。

## 所令與所好

大學曰。堯舜率天下以仁。而民從之。桀紂率天下以暴。而民從之。其所令反其所好。而民弗從。可謂至言。今之政府。皆所令反其所好者也。蓋今所謂立憲。所謂行政改革。乃至所謂一切新政。類無一非政府官吏所深惡痛絕。而顧乃以此令於僚屬。以此令於人民。受令者早有以窺其隱矣。故從令者不得賞。不從令者不得罰。不寧惟是。不從令者反得賞。從令者反得罰。往往而見也。以此而欲天下之從之。安可得耶。夫堯舜率天下以仁。固善矣。即桀紂率天下以暴。然猶懸一宗旨以爲率。而欲糾正之者。猶有其的。反動力之起。猶有因緣也。若所令反其所好。則欲獻可而所可者不待人獻。欲替否而所否者不勝其替。則末如之何也已矣。魯子家子曰。嗚呼。吾其爲無望也夫。

## 好修

楚辭曰。何昔日之芳草兮。今直爲此蕭艾也。豈其有他故兮。莫好修之害也。吾比年來所見人士。夙相期許者。往往不及數稔。便爾墮落。其墮落之形態。亦有兩途。宦達於時。沈溺於聲色貨利。以此爲天下之至樂。而棄所學所志若獭屣者一也。潦倒不得志則嗒然自喪。奄奄無復生人氣。若已殭之蠶。旦夕待死者二也。推原其故。豈由性惡。亦曰所以自養者無其具耳。凡人於肉體之外。必更求精神上之愉快。乃可以爲養。此卽屈子好修之說也。好修之道有二。一曰修德。二曰修學。修德者從宗敎道德上確有所體驗。而自得之於己。則浩然之氣。終身不衰。自能不淫於富貴。不移於貧賤。此最上也。但非大豪傑之士。未易臻此造詣。則亦當修學以求自養。無論爲舊學爲新學。苟吾能入其中而稍有所以自得。則自然相引於彌長。而吾身心別有一繫著之處。立於擾擾塵勞之表。則外境界不能以相奪。卽稍奪矣。亦不至如空壁逐利者。盡爲敵據。其本營而進退無據也。其道何由。亦曰好修而已矣。今日中國人心風俗之敗壞。實爲數千年來所無。此惡濁社會。正如一大洪鑪。金銀銅鐵礫石。入者無不融化。又如急湍旋渦。入者無不陷溺。吾於芳草之變蕭艾者。惟有憐之耳。豈忍責之。且卽吾身之能免融化能免陷溺否。尚不敢自保。又安能責人。惟吾輩正以處此社會之故。其危險之象。不可思議。愈不得不刻刻猛省。而求所以自衛。自衛之道。舍好修無他術矣。夫吾輩一二人之融化陷溺。似不足深惜。而不知國家之命。實托於吾輩少數人之手。弱一個則國家之元氣斲喪一分。而此所斲喪者。皆其不可復者也。嗟嗟吾黨。如之何勿懼。屈子又曰。固時俗之從流兮。又孰能無變化。又曰。人生各有所樂兮。吾獨好修以爲常。

## 怨天者無志

荀子榮辱篇云。自知者不怨人。知命者不怨天。怨人者窮。怨天者無志。失之己。反之人。豈不迂乎哉。嗚呼。君子讀此。可以審所自處矣。人之窮也。國之悴也。未有不由自己業力所得者也。欲挽救之。惟努力以造善業耳。荀子於怨天者。不責以他。而直謂之無志。可謂鞭辟近裏矣。或曰。既云知命者不怨天。又云怨天者無志。夫命固一定而不易者也。雖有志其奈之何。此二義得無矛盾。應之曰。不然。天亦何能盡人而一一爲之定命。命也者。各人以前此業力所自造成者也。既已造成。則應業受報。絲毫無所逃避。無所假借。謂之有定。斯誠然矣。謂之不易。則不可也。何也。造之惟我。易之亦惟我也。故孟子亦曰。修身以俟之。所以立命也。明乎立命之義。則荀子之所謂志者可識矣。

## 欲惡取舍

荀子不苟篇云。欲惡取舍之權。見其可欲也。則必前後慮其可惡也者。見其可利也。則必前後慮其可害也者。而兼權之。孰計之。然後定其欲惡取舍。如是則常不失陷矣。今人之所以求富貴利達者。惟見可欲可利。而不知其後有可惡可害者存。是得爲智者矣乎。

# 飲冰室專集之三

## 中國四十年來大事記（一名李鴻章）

### 序例

一此書全仿西人傳記之體。載述李鴻章一生行事。而加以論斷。使後之讀者。知其爲人。

一中國舊文體。凡記載一人事跡者。或以傳。或以年譜。或以行狀。類皆記事。不下論贊。其有之則附於篇末耳。然夾敍夾論。其例實創自太史公史記伯夷列傳屈原列傳貨殖列傳等篇皆是也。後人短於史識。不敢學之耳。著者不敏。竊附斯義。

一四十年來中國大事。幾無一不與李鴻章有關係。故爲李鴻章作傳。不可不以作近世史之筆力行之。著者於時局稍有所見。不敢隱諱。意不在古人。在來者也。恨時日太促。行篋中無一書可供考證。其中記述謬誤之處。知所不免。補而正之。願以異日。

一平吳之役。載湘軍事蹟頗多。似涉支蔓。但淮軍與湘軍。其關係極繁雜。不如此不足以見當時之形勢。讀者諒之。

一中東和約。中俄密約。義和團和約。皆載其全文。因李鴻章事蹟之原因結果。與此等公文關係者甚多。故不辭拖沓盡錄入之。

一合肥之負謗於中國甚矣。著者與彼於政治上爲公敵。其私交亦泛泛不深。必非有心爲之作冤詞也。顧書中多爲解免之言。頗有與俗論異同者。蓋作史必當以公平之心行之。不然。何取乎禍梨棗也。英名相格林威爾嘗呵某畫工曰。Paint me as I am 言勿失吾眞相也。吾著此書。自信不至爲格林威爾所呵。合肥有知。必當微笑於地下曰。孺子知我。

光緒二十七年十一月既望　著者自記

## 第一章　緒論

天下惟庸人無咎無譽。舉天下人而惡之。斯可謂非常之奸雄矣乎。舉天下人而譽之。斯可謂非常之豪傑矣乎。雖然。天下人云者。常人居其千百。而非常人不得其一。以常人而論非常人。烏見其可。故譽滿天下。未必不爲鄉愿。謗滿天下。未必不爲偉人。語曰。蓋棺論定。吾見有蓋棺後數十年數百年而論猶未定者矣。各是其所是。非其所非。論人者將烏從而鑑之。曰。有人於此。譽之者千萬。而毀之者亦千萬。譽之者達其極點。毀之者亦達其極點。今之所毀。適足與前之所譽相消。他之所譽。亦足以此之所毀相償。若此者何如人乎。曰。是可謂非常人矣。其爲非常之奸雄。與爲非常之豪傑。姑勿論。而要之其位置行事。必非可以尋常庸人之眼之舌所得燭照而雌黃之者也。知此義者。可以讀我之『李鴻章』。

吾敬李鴻章之才。吾惜李鴻章之識。吾悲李鴻章之遇。李之歷聘歐洲也。至德見前宰相比斯麥。叩之曰。爲大臣者。欲爲國家有所盡力。而滿廷意見。與己不合。羣掣其肘。於此而欲行厥志。其道何由。比斯麥應之曰。首在得君。得君既專。何事不可爲。李鴻章曰。譬有人於此。其君無論何人之言皆聽之。居樞要侍近習者。常假威福。挾持大局。若處此者當如之何。比斯麥良久曰。苟爲大臣。以至誠憂國。度未有不能格君心者。惟與婦人女子共事。則無如何矣。李默然云。（此語據西報譯出。尋常華文所登於星軺日記者。因有所忌諱。不敢譯錄也。）嗚呼。吾觀於此。而知李鴻章胸中塊壘牢騷鬱抑。有非旁觀人所能喻者。吾之所以責李者在此。吾之所以恕李者亦在此。

自李鴻章之名出現於世界以來。五洲萬國人士。幾於見有李鴻章。不見有中國。一言蔽之。則以李鴻章爲中國獨一無二之代表人也。夫以甲國人而論乙國事。其必不能得其眞相。固無待言。然要之李鴻章爲中國近四十年第一流緊要人物。讀中國近世史者。勢不得不口李鴻章。而讀李鴻章傳者。亦勢不得不手中國近世史。此有識者所同認也。故吾今此書。雖名之爲『同光以來大事記』可也。

不寧惟是。凡一國今日之現象。必與其國前此之歷史相應。故前史者現象之原因。而現象者前史之結果也。夫以李鴻章與今日之中國。其關係既如此其深厚。則欲論李鴻章之人物。勢不可不以如炬之目。觀察夫中國數千年來政權變遷之大勢。民族消長之暗潮。與夫現時中外交涉之隱情。而求得李鴻章一身在中國之位置。孟子曰。知人論世。世固不易論。人亦豈易知耶。

今中國俗論家。往往以平髮平捻爲李鴻章功。以數次和議爲李鴻章罪。吾以爲此功罪兩失其當者也。昔比斯麥又嘗語李曰。『我歐人以能敵異種者爲功。自殘同種以保一姓。歐人所不貴也。』夫平髮平捻者。是兄與弟閱牆。而盬弟之腦也。此而可功。則爲兄弟者其懼矣。若夫吾人積憤於國恥。痛恨於和議。而以怨毒集於李之一身。其事固非無因然苟易地以思。當夫乙未二三月庚子八九月之交。使以論者處李鴻章之地位。則其所措置果能有以優勝於李乎。以此爲罪。毋亦旁觀笑罵派之徒快其舌而已。故吾所論李鴻章爲功罪於中國者。正別有在。

李鴻章今死矣。外國論者。皆以李爲中國第一人。又曰。李之死也。於中國今後之全局。必有所大變動。夫李鴻章果足稱爲中國第一人與否。吾不敢知。而要之現今五十歲以上之人。三四品以上之官。無一可以望李之肩背者。則吾所能斷言也。李之死。於中國全局有關係與否。吾不敢知。而要之現在政府失一李鴻章。如虎之喪其倀。瞽之失其相。前途岌岌。愈益多事。此又吾之所敢斷言也。抑吾冀夫外國人之所論非其眞也。使其眞也。則以吾中國之大。而惟一李鴻章是賴。中國其尙有瘳耶。

西哲有恆言曰。時勢造英雄。英雄亦造時勢。若李鴻章者。吾不能謂其非英雄也。雖然。是爲時勢所造之英雄。非造時勢之英雄也。時勢所造之英雄。尋常英雄也。天下之大。古今之久。何在而無時勢。故讀一部二十四史。如李鴻章其人之英雄者。車載斗量焉。若夫造時勢之英雄。則閱千載而未一遇也。此吾中國歷史所以陳陳相因。而終不能放一異彩以震耀世界也。吾著此書。而感不絕於余心矣。

史家之論霍光。惜其不學無術。吾以爲李鴻章所以不能爲非常之英雄者。亦坐此四字而已。李鴻章不識國民之原理。不通世界之大勢。不知政治之本原。當此十九世紀競爭進化之世。而惟彌縫補苴。偸一時之安。不務擴養國民實力。置其國於威德完盛之域。而僅摭拾泰西皮毛。汲流忘源。遂乃自足。更挾小智小術。欲與地球著名之大政治家相角。讓其大者。而爭其小者。非不盡瘁。庸有濟乎。孟子曰。放飯流歠。而問無齒決。此之謂不知務。殆謂是矣。李鴻章晚年之著著失敗、皆由於是。雖然、此亦何足深責。彼李鴻章固非能造時勢者也。凡人生於一社會之中、每爲其社會數千年之思想習俗義理所困、而不能自拔。李鴻章不生於歐洲而生於中國、不生於今日而生於數十年以前。先彼而生並彼而生者、曾無一能造時勢之英雄以導之翼之。然則其時其地所孕育之人物、止於如是。固不能爲李鴻章一人咎也。而況乎其所遭遇、又並其所志而不能盡行哉。吾故曰敬李之才、惜李之識、而悲李之遇也。但此後有襲李而起者乎、其時勢既已一變、則其所以爲英雄者亦自一變、其勿復以吾之所以恕李者而自恕也。

## 第二章　李鴻章之位置

中國歷史與李鴻章之關係　本期歷史與李鴻章之關係

欲評騭李鴻章之人物、則於李鴻章所居之國與其所生之時代、有不可不熟察者兩事。

一曰李鴻章所居者乃數千年君權專制之國、而又當專制政體進化完滿達於極點之時代也。

二曰李鴻章所居者乃滿洲人入主中夏之國、而又當混一已久漢人權利漸初恢復之時代也。

論者動曰李鴻章近世中國之權臣也。吾未知論者所謂權臣其界說若何。雖然、若以李鴻章比諸漢之霍光、曹操、明之張居正、與夫近世歐美日本所謂立憲君主國之大臣、則其權固有迥不相侔者。使鴻章而果爲權臣也、以視古代中國權臣專擅威福、挾持人主、天下側目、危及社稷、而鴻章乃匪躬蹇蹇、無所覬覦、斯亦可謂純臣也矣。使鴻章而果爲權臣也、以視近代各國權臣風行雷厲、改革庶政、操縱如意、不避怨嫌、而鴻章乃委靡因循、畏首畏尾。無所成就。斯亦可謂庸臣也矣。雖然。李鴻章之所處。固有與彼等絕異者。試與讀者然犀列炬。上下古今。而一論之。

中國爲專制政體之國。天下所聞知也。雖然。其專制政體。亦循進化之公理。以漸發達。至今代而始完滿。故權臣之權。迄今而剝蝕幾盡。溯夫春秋戰國之間。魯之三桓。晉之六卿。齊之陳田。爲千古權臣之巨魁。其時純然貴族政體。大臣之於國也。萬取千焉。千取百焉。枝强傷幹。勢所必然矣。洎夫兩漢。天下爲一。中央集權之政體既漸發生。而其基未固。故外戚之禍特甚。霍鄧竇梁之屬。接踵而起。炙手可熱。王氏因之以移漢祚。是猶帶貴族政治之餘波焉。苟非有閥閱者。則不敢覬覦大權。范曄後漢書論張奐皇甫規之徒。功定天下之半。聲馳四海之表。俯仰顧盼。則天命可移。而猶鞠躬狠狽。無有悔心。以是歸功儒術之效。斯固然矣。然亦貴族柄權之風未衰。故非貴族者不敢有異志也。斯爲權臣之第一種類。及董卓以後。豪傑蠭起。曹操乘之以竊大位。以武功而爲權臣者自操始。此後司馬懿桓溫劉裕蕭衍陳霸先高歡宇文泰之徒。皆循斯軌。斯爲權臣之第二種類。又如秦之商鞅。漢之霍光。諸葛亮。宋之王安石。明之張居正等。皆起於布衣。無所憑藉。而以才學結主知。委政受成。得行其志。舉國聽命。權傾一時。庶幾有近世立憲國大臣之位置焉。此爲權臣之第三種類。其下者則巧言令色。獻媚人主。竊弄國柄。荼毒生民。如秦之趙高。漢之十常侍。唐之盧杞李林甫。宋之蔡京秦檜韓侂胄。明之劉瑾魏忠賢。穿窬斗筲。無足比數。此爲權臣之第四種類。以上四者。中國數千年所稱權臣。略盡於是矣。

要而論之。愈古代則權臣愈多。愈近代則權臣愈少。此其故何也。蓋權臣之消長。與專制政體之進化成比例。而中國專制政治之發達。其大原力有二端。一由於教義之浸淫。二由於雄主之布畫。孔子鑒周末貴族之極敝。思定一尊以安天下。故於權門疾之滋甚。立言垂敎。三致意焉。漢興。叔孫通公孫弘之徒。緣飾儒術。以立主威。漢武帝表六藝黜百家。專弘此術以化天下。天澤之辨益嚴。而世始知以權臣爲詬病。爾後二千年來。以此義爲國民敎育之中心點。宋賢大揚其波。基礎益定。凡搢紳上流。束身自好者。莫不兢兢焉。義理既入於人心。自能消其梟雄跋扈之氣。束縛於名敎以就圍範。若漢之諸葛。唐之汾陽。及近世之曾左。以至李鴻章。皆受其賜者也。又歷代君主。鑒興亡之由。講補救之術。其法日密一日。故貴族柄權之跡。至漢末而殆絕。漢光武宋藝祖之待功臣。優之厚秩。解其兵柄。漢高祖明太祖之待功臣。撫其疑似。夷其家族。雖用法寬忍不同。而削權自固之道則一也。洎乎近世。天下一於郡縣。采地斷於世襲。內外彼此。互相牽制。而天子執長鞭以笞畜之。雖復侍中十年。開府千里。而一詔朝下。印綬夕解。束手受吏。無異匹夫。故居要津者。無所幾幸。惟以持盈保泰。守身全名相勸勉。豈必其性善於古人哉。亦勢使然也。以此兩因。故桀黠者有所顧忌。不敢肆其志。天下藉以少安焉。而束身自愛之徒。常有深淵薄冰之戒。不欲居嫌疑之地。雖有國家大事。明知其利當以身任者。亦不敢排羣議逆上旨以當其衝。諺所謂做一日和尙撞一日鐘者。滿廷人士。皆守此主義焉。非一朝一夕之故。所由來漸矣。

逮於本朝。又有特別之大原因一焉。本朝以東北一部落。崛起龍飛。入主中夏。以數十萬之客族。而馭數萬萬之生民。其不能無彼我之見。勢使然也。自滇閩粵三藩。以降將開府。成尾大不掉之形。竭全力以克之。而後威權始統於一。故二百年來。惟滿員有權臣。而漢員無權臣。若鰲拜。若和珅。若肅順端華之徒。差足與前代權門比跡者。皆滿人也。計歷次軍興。除定鼎之始不俟論外。若平三藩。平準噶爾。平青海。平回部。平哈薩克布魯特敖罕巴達克愛烏罕。平西藏廓爾喀。平大小金川。平苗。平白蓮敎天理敎。平喀什噶爾。出師十數。皆用旗營。以親王貝勒或滿大臣督軍。若夫平時內而樞府。外而封疆。漢人備員而已。於政事無有所問。如順治康熙間之洪承疇。雍正乾隆間之張廷玉。雖位尊望重。然實一弄臣耳。自餘百僚更不足道。故自咸豐以前。將相要職。漢人從無居之者。將帥間有一二則漢軍旗人也及洪楊之發難也。賽尚阿琦善皆以大學士爲欽差大臣。率八旗精兵以遠征。遷延失機。令敵坐大。至是始知旗兵之不可用。而委任漢人之機乃發於是矣。故金田一役。實滿漢權力消長之最初關頭也。及曾胡諸公起於湘鄂。爲平江南之中堅。然猶命官文以大學士領欽差大臣。當時朝廷雖不得不倚重漢人。然豈能遽推心於漢人哉。曾胡以全力交驩官文。每有軍議奏事。必推爲首署。遇事歸功。報捷之疏。待官乃發。其撝謙固可敬。其苦心亦可憐矣。試一讀曾文正集。自金陵克捷以後。戰戰兢兢。若芒在背。以曾之學養深到。猶且如是。況李鴻章之自信力猶不及曾者乎。吾故曰李鴻章之地位。比諸漢之霍光曹操。明之張居正。與夫近世歐洲日本所謂立憲君主國之大臣。有迥不相侔者。勢使然也。

且論李鴻章之地位。更不可不明中國之官制。李鴻章歷任之官。則大學士也。北洋大臣也。總理衙門大臣也。商務大臣也。江蘇巡撫。湖廣兩江兩廣直隸總督也。自表面上觀之。亦可謂位極人臣矣。雖然。本朝自雍正以來。政府之實權。在軍機大臣。自同治以後督撫之權雖日盛然亦存乎其人不可一例故一國政治上之功罪。軍機大臣當負其責任之大半。雖李鴻章之爲督撫。與尋常之督撫不同。至若舉近四十年來之失政。皆歸於李之一人。則李固有不任受者矣。試舉同治中興以來軍機大臣之有實力者如下。

第一　文祥沈桂芬時代　同治初年

第二　李鴻藻翁同和時代　同治末年及光緒初年

第三　孫毓汶徐用儀時代　光緒十年至光緒廿一年
第四　李鴻藻翁同和時代　光緒廿一年至光緒廿四年
第五　剛毅榮祿時代　光緒廿四年至今

案觀此表，亦可見滿漢權力消長之一斑。自髮捻以前，漢人無眞執政者，文文忠汲引沈文定，實爲漢人掌政權之嚆矢。其後李文正翁師傅孫徐兩尚書繼之，雖其人之賢否不必論，要之同治以後，不特封疆大吏漢人居其强半，卽樞府之地，實力亦驟增焉。自戊戌八月以後，形勢又一變矣。此中消息，言之甚長，以不關此書本旨，不具論。

由此觀之，則李鴻章數十年來共事之人可知矣。雖其人賢否才不才，未便細論，然要之皆非與李鴻章同心同力同見識同主義者也。李鴻章所訴於比斯麥之言，其謂是耶，其謂是耶。而況乎軍機大臣之所仰承風旨者，又別有在也。此吾之所以爲李鴻章悲也。抑吾之此論，非有意袒李鴻章而爲之解脫也。卽使李鴻章果有實權，盡行其志，吾知其所成就亦決無以遠過於今日。何也？以鴻章固無學識之人也。且使李鴻章而眞爲豪傑，則凴藉彼所固有之地位，亦安在不能繼長增高，廣植勢力，以期實行其政策於天下，彼格蘭斯頓、比斯麥，亦豈無阻力之當其前者哉？是固不得爲李鴻章作辨護人也。雖然，若以中國之失政而盡歸於李鴻章一人，李鴻章一人不足惜，而彼執政誤國之樞臣，反得有所諉以辭斧鉞，而我四萬萬人放棄國民之責任者，亦且不復自知其罪也。此吾於李鴻章之地位，所以不得齗齗置辯也。若其功罪及其人物如何，請於末簡縱論之。

## 第三章　李鴻章未達以前及其時中國之形勢

李鴻章之家世　歐力東漸之勢　中國內亂之發生　李鴻章與曾國藩之關係

李鴻章字漸甫號少荃安徽廬州府合肥縣人父名進文母沈氏有子四人瀚章官至兩廣總督鶴章昭慶皆從軍有功鴻章其仲也生於道光三年癸未（西曆一千八百二十三年）正月五日幼受學於尋常塾師治帖括業年二十五成進士入翰林實道光二十七年丁未也

李鴻章之初生也值法國大革命之風潮已息絕世英雄拿破侖竄死於絕域之孤島西歐大陸之波瀾既已平復列國不復自相侵掠而惟務養精蓄銳以肆志於東方於是數千年一統垂裳之中國遂日以多事伊犂界約與俄人違言於北鴉片戰役與英人肇衅於南當世界多事之秋正舉國需才之日加以瓦特氏新發明汽機之理艨艟輪艦衝濤跋浪萬里縮地天涯比鄰蘇彝士河開鑿功成東西相距驟近西力東漸奔騰澎湃如狂飈如怒潮齧岸砰崖黯日蝕月遏之無可遏抗之無可抗蓋自李鴻章有生以來實爲中國與世界始有關係之時代亦爲中國與世界交涉最艱之時代

翻觀國內之情實則自乾隆以後盛極而衰民力彫敝官吏驕橫海內日以多事乾隆六十年遂有湖南貴州紅苗之變嘉慶元年白蓮敎起蔓延及於五省前後九年（嘉慶九年）耗軍費二萬萬兩乃僅平之同時海寇蔡牽等窟穴安南侵擾兩廣閩浙諸地大遭蹂躪至嘉慶十五年僅獲戡定而天理敎李文成林淸等旋起震擾山東直隸陝西亦有箱賊之警道光間又有回部張格爾之亂邊境騷動官軍大舉征伐亘七年僅乃底定蓋當嘉道之間國力之疲弊民心之蠢動已甚而舉朝醉生夢死之徒猶復文恬武熙太平歌舞水深火熱無所告訴有識者固稍憂之矣

抑中國數千年歷史流血之歷史也其人才殺人之人才也歷觀古今已往之跡惟亂世乃有英雄而平世則無英雄事勢如是至道咸末葉而所謂英雄者乃始磨刀霍霍以待日月之至矣蓋中國自開闢以來無人民參與國政之例民之爲官吏所淩逼憔悴虐政無可告訴者其所以抵抗之術只有兩途小則罷市大則作亂此亦情實之無可如何者也而又易姓受命視爲故常敗則爲寇成則爲王漢高明太皆起無賴今日盜賊明日神聖惟強是崇他靡所云以此習俗以此人心故歷代揭竿草澤之事不絕於史簡其間有承平百數十年者不過經前次禍亂屠戮以後人心厭亂又戶口頓少謀生較易或君相御下有術以小恩小惠徼結民望彌縫補苴聊安一時而已實則全國擾亂之種子無時間絕稍有罅隙卽復承起故數千年之史傳實以膿血充塞以肝腦塗附此無可爲諱者也本朝旣龍興關外入主中華以我國民自尊自大蔑視他族之心自不能無所芥蔕故自明亡之後其遺民卽有結爲祕密黨會以圖恢復者二百餘年不絕蔓延於十八行省所在皆是前此雖屢有所煽動而英主繼踵無所得逞鬱積旣久必有所發及道咸以後官吏之庸劣不足憚旣已顯著而秕政稠疊國恥紛來熱誠者欲掃雰霧以立新猷桀黠者欲乘利便以覬非分此殆所謂勢有必至理有固然者耶於是一世之雄洪秀全楊秀清李秀成等因之而起於是一世之雄曾國藩左宗棠李鴻章等因之而起

鴻章初以優貢客京師以文學受知於曾國藩因師事焉日夕過從講求義理經世之學畢生所養實基於是及入翰林未三年而金田之亂起洪秀全以一匹夫揭竿西粵僅二年餘遂乃蹂躪全國之半東南名城相繼陷落土崩瓦解有岌岌不可終日之勢時鴻章在安徽原籍贊巡撫福濟及呂賢基軍事時廬州已陷敵兵分據近地爲犄角之勢福濟欲復廬州不能得志鴻章乃建議先取含山巢縣以絕敵援福濟卽授以兵遂克二縣於是鴻

章知兵之名始著時咸豐四年十二月也。

當洪秀全之陷武昌也。曾國藩以禮部侍郎丁憂在籍。奉旨幫辦團練。慨然以練勁旅靖大難爲己任。於是湘軍起湘軍者淮軍之母也。是時八旗綠營舊兵皆窳惰廢弛。怯懦闒冗。無所可用。其將校皆庸劣無能。暗弱失職。國藩深察大局。知非掃除而更張之。必不奏效。故延攬人才。統籌全局。堅忍刻苦。百折不撓。恢復之機。實始於是。秀全既据金陵。驕汰漸生。內相殘殺。腐敗已甚。使當時官軍得人。以實力擣之。大難之平。指顧間事耳。無如官軍之驕汰腐敗。更甚於敵。咸豐六年。向榮之金陵大營一潰。十年。和春張國梁之金陵大營再潰。馴至江浙相繼淪陷。敵氛更甚於初年。加以七年丁未以來。與英國開釁。當張國梁和春陣亡之時。卽英法聯軍入北京燒圓明園之日。天時人事。交侵洊逼。蓋至是而祖宗十傳之祚。不絕者如線矣。

曾國藩雖治兵十年。然所任者僅上游之事。固由國藩深算慎重。不求急效。取踏實地步。節節進取之策。亦由朝廷委任不專。事權不一。未能盡行其志也。故以客軍轉戰兩湖江皖等省。其間爲地方大吏掣肘失機者。不一而足。是以功久無成。及金陵大營之再潰。朝廷知舍湘軍外無可倚重。十年四月。乃以國藩署兩江總督。旋實授並授欽差大臣。督辦江南軍務。於是兵餉之權。始歸於一。乃得與左李諸賢。合力以圖蘇皖江浙。大局始有轉機。

李鴻章之在福濟幕也。福嘗疏薦道員鄭魁士沮之。遂不得授。當時謠諑紛紜。謗讟屢起。鴻章幾不能自立於鄉里。後雖授福建延邵建遺缺道。而擁虛名。無官守。及咸豐八年。曾國藩移師建昌。鴻章來謁。遂留幕中。九年五月。國藩派調湘軍之在撫州者。舊部四營。新募五營。使弟國荃統領之。赴景德鎭助剿。而以鴻章同往參贊。江西肅清後。復隨曾國藩大營兩年有奇。十年。國藩督兩江。議興淮揚水師。請補鴻章江北司道。未行。復薦兩淮運使。疏至。文宗北行。不之省。是時鴻章年三十八。懷才鬱抑。撫髀蹉跎者。既已半生。自以爲數奇。不復言祿矣。嗚呼。此天之所以阨李鴻章歟。抑天之所以厚李鴻章歟。彼其偃蹇顛沛十餘年。所以練其氣老其才以爲他日擔當大事之用。而隨贊曾軍數年中。又鴻章最得力之實驗學校。而終身受其用者也。

# 第四章　兵家之李鴻章上

李鴻章之崛起與淮軍之成立　當時官軍之弱及餉源之竭　江浙兩省得失之關係　常勝軍之起　李鴻章與李秀成之勁敵　淮軍平吳之功　江蘇軍與金陵軍浙江軍之關係　金陵之克復

秦末之亂。天下紛擾。豪傑雲起。及項羽定霸後。而韓信始出現。漢末之亂。天下紛擾。豪傑雲起。及曹操定霸後。而諸葛亮始出現。自古大偉人其進退出處之間。天亦若有以靳之。必待機會已熟。持滿而發。莫或使之。若或使之。謝康樂有言。諸公生天雖在靈運先。成佛必居靈運後。吾觀中興諸大臣。其聲望之特達。以李鴻章爲最遲。而其成名之高。當國之久。亦以李鴻章爲最盛。事機滿天下。時勢造英雄。李鴻章固時代之驕兒哉。

當咸豐六七年之交。敵氛之盛。達於極點。而官軍淩夷益甚。廟算動搖無定。各方面大帥互相猜忌。加以軍需缺乏。司農仰屋。惟恃各省自籌餉項。支支節節。彌東補西。以救一日之急。當此之時。雖有大忠雄才。其不能急奏膚功。事理之易明也。於是乎出萬不得已之策。而採用歐美軍人助剿之議起。

先是洪楊既據南京。蹂躪四方。十八行省。無一寸乾淨土。經歷十年。不克戡定。北京政府之無能力。既已暴著於天下。故英國領事及富商之在上海者。不特不目洪秀全爲亂賊而已。且視之與歐洲列國之民權革命黨同一例以文明友交待之間或供給其軍器彈藥糧食其後洪秀全驕侈滿盈互相殘殺內治廢弛日甚一日歐美識者審其舉動乃知其所謂太平天國所謂四海兄弟所謂平和博愛所謂平等自由皆不過外面之假名至其眞相實與中國古來歷代之流寇毫無所異因確斷其不可以定大業於是英法美各國皆一變其方針咸欲爲北京朝廷假借兵力以助戡亂具述此意以請於政府實咸豐十年事也而俄羅斯亦欲遣海軍小艦隊運載兵丁若干溯長江以助剿俄公使伊格那面謁恭親王以述其意

按歐美諸邦是時新通商於中國其必不欲中國之擾亂固也故當兩軍相持歷年不決之際彼等必欲有所助以冀速定而北京政府之腐敗久已爲西人所厭憚其屬望於革命軍者必加厚亦情勢之常矣彼時歐美諸國右投則官軍勝左投則敵軍勝勝敗之機間不容髮使洪秀全而果有大略具卓識內修厥政外諳交涉速與列國通商定約因假其力以定中原天下事未可知也豎子不悟內先腐敗失交樹敵終爲夷僇不亦宜乎而李文忠等之功名亦於此成矣

時英法聯軍新破北京文宗遠在熱河雖和議已定而猜忌之心猶盛故恭親王關於借兵助剿之議不敢專斷一面請之於行在所一面詢諸江南江北欽差大臣曾國藩袁甲三及江蘇巡撫薛煥浙江巡撫王有齡等使具陳其意見當時極力反對之謂有百害而無一利者惟江北欽差大臣袁甲三（袁世凱之父也）薛煥雖不以爲可而建議僱印度兵使防衞上海及其附近并請以美國將官華爾白齊文爲隊長曾國藩覆奏其意亦略相同謂當中國疲弊之極外人以美意周旋不宜拂之故當以溫言答其助剿之盛心而緩其出師來會之期日一面利用外國將官以收剿賊之實效於是朝廷依議謝絕助剿而命國藩任聘請洋弁訓練新兵之事此實常勝軍之起點而

李鴻章勳名發軔之始。大有關係者也

華爾者美國紐約人也。在本國陸軍學校卒業。爲將官。以小罪去國。潛匿上海。當咸豐十年。洪軍蹂躪江蘇。蘇常俱陷。上海候補道楊坊知華爾沈毅有才。薦之於布政使吳煦。煦乃請於美領事。赦其舊罪。使募歐美人願爲兵者數十人。益以中國應募者數百。使訓練之。以防衞蘇滬。其後屢與敵戰。常能以少擊衆。所向披靡。故官軍敵軍皆號之曰常勝軍。常勝軍之立。實在李鴻章未到上海以前也。

今欲敍李鴻章之戰績。請先言李鴻章立功之地之形勢。

江浙兩省。中國財賦之中堅也。無江浙則是無天下。故爭兵要則莫如武漢。爭餉源則莫如蘇杭。稍明兵略者所能知也。洪秀全因近來各地官軍。聲勢頗振。非復如前日之所可蔑視。且安慶新克復。（咸豐十一年辛酉八月曾國荃克復）金陵之勢益孤。乃遣其將李秀成李世賢等。分路擾江浙。以牽制官軍之兵力。秀成軍鋒極銳。蕭山紹興甯波諸暨杭州皆連陷。浙撫王有齡死之。江蘇城邑。擾陷殆遍。避亂者羣集於上海。

安慶克復之後。湘軍聲望益高。曩者廷臣及封疆大吏。有不慊於曾國藩者。皆或死或罷。以故征剿之重任。全集於國藩之一身。屢詔敦促國藩移師東指。規復蘇常杭失陷郡縣。五日之中。嚴諭四下。國藩既奏薦左宗棠專辦浙江軍務。而江蘇紳士錢鼎銘等。復於十月以輪船泝江赴安慶。面謁國藩。哀乞遣援。謂吳中有可乘之機而不能持久者三端。曰鄉團。曰槍船。曰內應。是也。有僅完之土而不能持久者三城。曰鎮江。曰湖州。曰上海。是也。國藩見而悲之。時餉乏兵單。楚軍無可分撥。乃與李鴻章議。期以來年二月濟師。

咸豐十一年十一月。有旨詢蘇帥於國藩。國藩以李鴻章對。且請酌撥數千軍。使馳赴下游。以資援剿。於是鴻章歸廬州募淮勇。既到安慶。國藩爲定營伍之法。器械之用。薪糧之數。悉仿湘勇章程。亦用楚軍營規以訓練之。先是淮南迭爲髮捻所蹂躪。居民大困。惟合肥縣志士張樹聲樹珊兄弟。周盛波盛傳兄弟。及潘鼎新劉銘傳等。自咸豐初年。卽練民團以衞鄉里。築堡壘以防寇警。故安徽全省糜爛。而合肥獨完。李鴻章之始募淮軍也。因舊團而加以精練。二張二周潘劉咸從焉。淮人程學啓者。向在曾國荃部下。官至參將。智勇絕倫。國藩特選之使從鴻章。其後以勇敢善戰。名冠一時。又淮軍之初成也。國藩以湘軍若干營爲之附援。而特於湘將中選一健者統之。受指揮於鴻章麾下。卽郭松林是也。以故淮軍名將。數程郭劉潘二張二周。

同治元年二月。淮軍成。凡八千人。擬溯江而下。傍賊壘衝過以援鎭江。計未決。二十八日。上海官紳籌銀十八萬兩。僱輪船七艘。駛赴安慶奉迎。乃定以三次載赴上海。三月三十日。鴻章全軍抵滬。得旨署理江蘇巡撫。以薛煥爲通商大臣。專辦交涉事件。（薛煥原江蘇巡撫也）

此時常勝軍之制。尚未整備。華爾以一客將督五百人守松江。是年正月。敵衆萬餘人來犯松江。圍華爾數十匝。華爾力戰破之。及鴻章之抵上海也。華爾所部屬焉。更募華人壯勇附益之。使加訓練。其各兵勇俸給。比諸湘淮各軍加厚。自是常勝軍之用。始得力矣。

松江府者。在蘇浙境上。提督駐箚之地。而江蘇之要衝也。敵軍圍攻之甚急。李鴻章乃使常勝軍與英法防兵合。（當時英法有防兵若干。專屯上海。自保租界。）攻松江南之金山衞及奉賢縣。淮軍程學啓劉銘傳郭松林潘鼎新諸將。攻松江東南之南匯縣。敵兵力鬥。英法軍不支退卻。嘉定縣又陷。敵乘勝欲進迫上海。程學啓邀擊大破之。南匯之敵將吳建瀛劉玉林等。開城降。川沙廳（在吳淞口南岸）敵軍萬餘又來犯。劉銘傳固守南匯。大破之。遂復川沙廳。然敵勢猶雄勁不屈。

以一隊圍松江青浦。以一隊屯廣福塘橋集。於泗濱以窺新橋。五月。程學啓以孤軍屯新橋。當巨敵之衝。連日被圍甚急。鴻章聞之。自提兵赴援。與敵軍遇於徐家匯。奮鬥破之。學啓自營中望見鴻章帥旗。遽出營夾擊。大捷。斬首三千級。俘馘四百人。降者千餘。敵軍之屯松江府外者。聞報震駭。急引北走。圍遂解。滬防解嚴。

淮軍之初至上海也。西人見其衣帽之粗陋。竊笑嗤之。鴻章徐語左右曰。軍之良窳。豈在服制耶。須彼見吾大將旗鼓。自有定論耳。至是歐美人見淮軍將校之勇毅。紀律之整嚴。莫不改容起敬。而常勝軍之在部下者。亦始帖然服李之節制矣。

當時曾國藩既以獨力拜討賊之大命。任重責專。無所旁貸。無所掣肘。於是以李鴻章圖蘇。左宗棠圖浙。曾國荃圖金陵。金陵敵之根據地也。而金陵與江浙兩省。實相須以成其雄。故非掃蕩江蘇之敵軍。則金陵不能坐困。而非攻圍金陵之敵巢。則江蘇亦不能得志。當淮軍之下滬也。曾國荃與楊載福(後改名岳斌)彭玉麟等。謀以水陸協進。破長江南北兩岸之敵壘。四月。國荃自太平府沿流下長江。拔金柱關。奪東梁山營寨。更進克秣陵關三汊河江心洲蒲包洲。五月。遂進屯金陵城外雨花臺。實李鴻章解松江圍之力也。故論此役之戰績。當知湘軍之能克金陵。殲巨敵。非曾國荃一人之功。實由李鴻章等斷其枝葉。使其餉源兵力。成孤立之勢。而根幹不得不坐凋。淮軍之能平全吳。奏膚功。亦非李鴻章一人之功。實由曾國荃等擣其巢穴。使其雄帥驍卒。有狼顧之憂。而軍鋒不得不坐頓。東坡句云。江山如畫。一時多少豪傑。同治元二年間。亦中國有史以來之一大觀矣。

李秀成者。李鴻章之勁敵。而敵將中後起第一人也。洪秀全之初起也。其黨中傑出之首領。曰東王楊秀淸。南王馮雲山。西王蕭朝貴。北王韋昌輝。翼王石達開。當時號爲五王。既而馮蕭戰死於湖南。楊韋金陵爭權。互相屠殺石達開獨有大志，不安其位，別樹一幟，橫行湖南江西廣西貴州四川諸省。於是五王俱盡。咸豐四五年之間，官軍最不振，而江南之敵勢亦寖衰矣。李秀成起於小卒，位次微末，當金陵割據以後，尚不過楊秀清帳下一服役童子。然最聰慧明敏，富於謀略，膽氣絕倫，故洪氏末葉，得以揚餘燼，簸浩劫，使官軍疲於奔命，越六七載而後定者，皆秀成與陳玉成二人之力也。玉成縱橫長江上游，起飈飁於豫皖湘鄂，秀成出沒長江下口，激濤浪於蘇杭常揚，及玉成既死，而洪秀全所倚為柱石者，秀成一人而已。秀成既智勇絕人，且有大度，仁愛馭下，能得士心，故安慶雖克復，而下游糜爛滋甚。自曾軍合圍雨花臺之後，而於江蘇地方及金陵方面之各戰，使李鴻章曾國荃費盡心力，以非常之鉅價，僅購得戰勝之榮譽者，惟李秀成之故。故語李鴻章者，不可不知李秀成。

李鴻章自南匯一役以後，根基漸定，欲與金陵官軍策應，牽制敵勢，遂定進攻之策。是歲七月，使程學啓郭松林等急攻青浦縣城，拔之。并發別軍，駕汽船渡海，攻浙江紹興府之餘姚縣，拔之。八月，李秀成使譚紹洸擁衆十餘萬，犯北新涇。（江蘇地，去上海僅數里。）劉銘傳邀擊大破之，敵遂退保蘇州。

其月，淮軍與常勝軍共入浙江，攻慈谿縣，克之。是役也，常勝軍統領華爾奮戰先登，中彈貫胸卒，遺命以中國衣冠斂。美國人白齊文代領常勝軍。

是歲夏秋之變，江南癘疫流行，官軍死者枕籍。李秀成乘之，欲解金陵之圍，乃以閏八月選蘇州常州精兵十餘萬赴金陵，圍曾國荃大營，以西洋開花大砲數十門，并力轟擊，十五晝夜，官軍殊死戰，氣不稍挫。九月，秀成復使李世賢自浙江率衆十餘萬合圍金陵，攻擊益劇。曾國藩聞報大憂之，急徵援於他地，然當時江浙及江北各方面之官軍，皆各有直接之責任，莫能赴援。此役也，實軍興以來兩軍未曾有之劇戰也。當時敵之大軍二十餘萬，而官軍陷於重圍之中者不過三萬餘。且將卒病死戰死及負傷者殆過半焉。而國荃與將士同甘苦。共患難。相愛如家人父子。故三軍樂爲效死。所以能抗十倍之大敵以成其功也。秀成既不能拔。又以江蘇地面官軍之勢漸振。恐江蘇失而金陵亦不能獨全。十月。遂引兵退。雨花臺之圍乃解。

案自此役以後。洪秀全之大事去矣。夫屯兵於堅城之下。兵家所大忌也。向榮和春既兩度以此致敗。故曾文正甚鑒之。甚愼之。曾忠襄之始屯雨花臺。文正屢戒焉。及至此役。外有十倍强悍之衆。內有窮困決死之寇。官軍之危。莫此爲甚。乃敵軍明知官軍之寡單如此。其瘡痍又如彼。而卒不敢肉薄突入。決一死命。以徼非常之功於俄頃。而顧虧此一簣。忽焉引去。遂致進退失據。隨以滅亡。何也。蓋當時敵軍將帥富貴已極。驕侈淫佚。愛惜生命。是以及此。此亦官軍所始念不及也。曾文正曰。凡軍最忌暮氣。當道咸之交。官軍皆暮氣。而賊軍皆朝氣。及同治初元。賊軍皆暮氣。而官軍皆朝氣。得失之林。皆在於是。諒哉言乎。以李秀成之賢。猶且不免。若洪秀全者。冢中枯骨。更何足道。所謂滅六國者六國也。非秦也。族秦者秦也。非天下也。殷鑒不遠。有志於天下者。其可以戒矣。洪秀全以市井無賴。一朝崛起。不數歲而蹂躪天下之半。不能以彼時風馳雲捲。爭大業於汗馬之上。遂乃苟安金陵。視爲安樂窩。潭潭府第。真陳涉之流亞哉。株守一城。坐待圍擊。故向榮和春之潰。非洪秀全自有可以不亡之道。特其所遇之敵。亦如唯與阿。相去無幾。故得以延其殘喘云爾。嗚呼。洪秀興廢之間。天耶。人耶。君子曰。人也。

又案此役爲湘淮諸將立功之最大關鍵。非圍金陵。則不能牽江浙之敵軍。而李文忠新造之軍。難遽制勝。非攻江浙。則不能解金陵之重圍。而曾忠襄久頓之軍。無從保全。讀史者不可不於此著眼焉。

李秀成之圍金陵也使其別將譚紹洸陳炳文留守蘇州。九月紹洸等率衆十餘萬分道自金山太倉而東。淮軍諸將防之戰於三江口四江口互有勝敗敵復沿運河設屯營亘數十里駕浮橋於運河及其支流。以互相往來。進攻黃渡圍四江口之官軍甚急。九月廿二日鴻章部署諸將。攻其本營敵强悍善戰淮軍幾不支劉銘傳郭松林程學啓等身先士卒揮劍奮鬥。士氣一振大破之擒斬萬餘人四江口之圍解。

常勝軍統領華爾之死也白齊文以資格繼其任。白氏之爲人與華氏異蓋權謀黠猾之流也。時見官軍之窘蹙。乃竊通款於李秀成。十月謀據松江城爲內應至上海脅迫道臺楊坊要索軍資巨萬不能得遂毆打楊道掠銀四萬兩而去事聞李鴻章大怒立與英領事交涉黜白齊文使償所攫金而以英國將官戈登代之常勝軍始復爲用時同治二年二月也。此實爲李鴻章與外國辦交涉第一事其決斷强硬之槪論者韙之。

白齊文黜後欲殺之。而爲美領事所沮遂放之復降於李秀成爲其參謀多所策畫然規模狹隘蓋勸秀成棄江浙斬其桑茶燬其廬舍而後集兵力北向據秦晉齊豫中原之形勢以控制東南其地爲官軍水師之力所不及可成大業云云秀成不聽白齊文又爲敵軍購買軍械竊掠汽船得新式砲數門獻之秀成以故蘇州之役官軍死於寶帶橋者數百人其後不得志於秀成復往漳州投賊中卒爲郭松林所擒死。

先是曾國藩獲敵軍諜者得洪秀全與李秀成手諭謂湖南北及江北今正空虛使李秀成提兵二十萬先陷常熟。一面攻揚州一面窺皖楚國藩乃馳使李鴻章使先發制之謂當急取太倉州以擾常熟牽制秀成使不得赴江北鴻章所見適同同治二年二月乃下令常熟守將使死守待援而遣劉銘傳潘鼎新張樹珊率所部駕輪船赴福山與敵數十戰皆捷別遣程學啓李鶴章攻太倉崑山縣以分敵勢而使戈登率常勝軍與淮軍共攻福山。

拔之。常熟圍解。三月。克復太倉崑山。擒敵七千餘。程學啓之功最偉。戈登自此益敬服學啓焉。
五月。李秀成出無錫。與五部將擁水陸兵數十萬圖援江陰。據常熟。李鴻章遣其弟鶴章及劉銘傳郭松林等分道禦之。銘傳松林與敵之先鋒相遇擊之。獲利。然敵勢太盛。每戰死傷相當。時敵築連營於運河之涯。北自北漍。南至張涇橋。東自陳市。西至長壽。縱橫六七十里。壘堡百數。皆扼運河之險。盡毀橋梁。備砲船於河上。水陸策應。形勢大熾。
鶴章與銘傳謀。潛集材木造浮橋。夜半急渡河。襲敵。破敵營之在北漍者三十二。郭松林亦進擊力戰。破敵營之在南漍者三十五。周盛波之部隊破敵營之在麥市橋者二十三。敵遂大潰。死傷數萬。河爲不流。擒其酋將百餘人。馬五百匹。船二十艘。兵器彈藥糧食稱是。自是顧山以西無敵蹤。淮軍大振。六月。吳江敵將望風降。
程學啓率水陸萬餘人。與銘傳謀復蘇州。進破花涇港。降其守將。屯滙亭。七月。李鴻章自將克復太湖廳。向蘇州進發。先使銘傳攻江陰。敵之驍將陳坤書與湖南湖北山東四大股十餘萬衆。併力來援。鴻章銘傳親覘敵勢。見其營壘大小棊列。西自江濱。東至山口。乃定部署。猛進攻之。敵抵抗甚力。相持未下。既而城中有內變者。開門納降。江陰復。
時程學啓別屯蘇州附近。連日力戰。前後凡數十捷。敵壘之在寶帶橋。五龍橋。蠡口。黃埭。滸關。王瓜涇。十里亭。虎邱。觀音廟者十餘處皆陷。而郭松林之軍亦大捷於新塘橋。斬僞王二名。殺傷萬餘人。奪船數百艘。敵水軍爲之大衰。李秀成痛憤流涕。不能自勝。自是淮軍威名震天下。
敵軍大挫後。李秀成大舉圖恢復。使其部將糾合無錫溧陽宜興等處衆八萬餘。船千餘隻。出運河口。而自率精銳數千據金匱援蘇州。互相策應。與官軍連戰。互有勝敗。十月十九日。（二年）李鴻章親督軍。程學啓戈登爲先鋒。進迫蘇州城。苦戰劇烈。遂破其外郭。秀成及譚紹洸等引入內城。死守不屈。既而官軍水陸並進。合圍三面。城中糧盡。衆心疑懼。其裨將郜雲官等。猜疑攜貳。遂通款於程學啓。乞降。於是學啓與戈登親乘輕舸。造城北之洋澄湖。與雲官等面訂降約。使殺秀成紹洸以獻。許以二品之賞。戈登爲之保人。故雲官等不疑。然卒不忍害秀成。乃許斬紹洸而別。

李秀成微覺其謀。然事已至此。無可奈何。乃乘夜出城去。（十月廿三夜）廿四日。譚紹洸以事召雲官於帳中。雲官乃與驍將汪有爲俱見紹洸。即刺殺之。並掩擊其親軍千餘人。遂開門降。廿五日。雲官等獻紹洸首。請程學啓入城驗視。其降酋之列銜如左。

一　納王郜雲官　　二　比王伍貴文　　三　康王汪安均

四　寧王周文佳　　五　天將軍范起發　　六　天將軍張大洲

七　天將軍汪環武　　八　天將軍汪有爲

當時此八將所部兵在城中者尚十餘萬人。聲勢洶洶。程學啓既許以總兵副將等職。至是求如約。學啓細察此八人。謂狼子野心。恐後不可制。乃與李鴻章密謀。設宴大饗彼等於坐艦。號砲一響。伏兵起而駢戮之。幷殺餘黨之强禦者千餘。餘衆俱降。蘇州定。鴻章以功加太子少保。

先是八酋之降也。戈登實爲保人。至是聞鴻章之食言也。大怒。欲殺鴻章以償其罪。自攜短銃以覓之。鴻章避之。不敢歸營。數日後。怒漸解。乃止。

案李文忠於是有慚德矣。夫殺降已爲君子所不取。況降而先有約。且有保人耶。故此舉有三罪焉。殺降背公理一也。負約食言二也。欺戈登負友人三也。戈登之切齒痛恨。至欲剸刃其腹以洩大忿。不亦宜乎。雖彼鑒於苗沛霖李世忠故事。其中或有所大不得已者存。而文忠生平好用小智小術。亦可以見其概矣。

蘇州之克復。實江南戡定第一關鍵也。先是曾國荃左宗棠李鴻章。各以孤軍東下。深入重地。彼此不能聯絡策應。故力甚單而勢甚危。蘇州之捷。李鴻章建議統籌全局。欲乘勝進入浙地。與曾左兩軍互相接應。合力大舉。是爲官軍最後結果第一得力之著。十一月。劉銘傳郭松林李鴻章進攻無錫。拔之。擒斬其將黃子漋父子。於是鴻章分其軍爲三大部隊。其（甲）隊自率之。（乙）隊程學啓率之。入浙。拔平湖、乍浦、澉浦、海鹽、嘉善。迫嘉興府。左宗棠之軍（浙軍）亦進而與之策應。入杭州界。攻餘杭縣。屢破敵軍。（丙）隊劉銘傳郭松林等率之。與常勝軍共略常州。大捷。克復宜興、荊溪。擒敵將黃靖忠。鴻章更使郭松林進攻溧陽。降之。

時敵將陳坤書有衆十餘萬。據常州府。張其翼以擣官軍之後背。李鴻章與劉銘傳當之。敵軍太盛。官軍頗失利。坤書又潛兵迂入江蘇腹地。出沒江陰常熟福山等縣。江陰無錫戒嚴。江蘇以西大震。李鴻章乃使劉銘傳獨當常州方面。而急召郭松林棄金壇。晝夜疾赴歸援蘇州。又使李鶴章急歸守無錫。楊鼎勳張樹聲率別軍扼江陰之青陽焦陰。斷敵歸路。時敵軍圍常熟益急。苦戰連日。僅支。又併圍無錫。李鴻章嬰壁固守。幾殆。數日。郭松林援軍至。大戰破敵。圍始解。松林以功授福山鎮總兵。

先是程學啓圍嘉興（此年正月起）極急。城中守兵鋒銳相當。兩軍死傷枕籍。二月十九日。學啓激厲將士。欲速拔之。躬先陷陳。越浮橋。肉薄梯城。城上敵兵死守。彈丸如雨。忽流彈中學啓左腦仆。部將劉士奇見之。立代主將督軍。先登入城。士卒怒憤。勇氣百倍。而潘鼎新劉秉璋等。亦水陸交進。遂拔嘉興。

程學啓被傷後。臥療數旬。遂不起。以三月十日卒。予謚忠烈。李鴻章痛悼流涕。

嘉興府之克復也。杭州敵燄大衰。遂以二月二十三日。（十九嘉興克復）敵大隊乘夜自北門脫出。左軍以三月二日入杭州城。至是蘇軍（李軍）與浙軍（左軍）之連絡全通。勢始集矣。

程學啓之卒也。鴻章使其部將王永勝劉士奇分領其衆。與郭松林會。自福山鎭進擊沙山。連戰破之。至三河口。斬獲二萬人。鴻章乃督諸軍合圍常州。使劉銘傳擊其西北。破之。郭松林攻陳橋渡大營。破之。張樹聲周盛波鄭國魁等。襲河邊敵營廿餘。皆破之。敗軍潰走。欲還入城。陳坤書拒之。故死城下者不可勝數。三月廿二日。李軍進迫常州城。以大砲及炸藥轟城。城崩數十丈。選死士數百人。梯以登。陳坤書驍悍善戰。躬率悍卒出戰拒之。修補缺口。官軍死者數百人。鴻章憤怒。督衆益治攻具。築長圍。連日猛攻。兩軍創鉅相當。經十餘日。李鴻章自督陣。劉銘傳郭松林劉士奇王永勝等。自先士卒。奮戰登城。敵始亂。陳坤書猶不屈。與其將費天將共率悍黨。叱咤巷戰。松林遂力戰。擒坤書。天將亦爲盛波所擒。銘傳大呼傳令。投兵器降者赦之。立降萬餘。官軍死者亦千數。常州遂復。時四月六日也。至是江蘇軍（李軍）與金陵軍（曾軍）之聯絡全通。江蘇全省中。除金陵府城內。無一敵蹤矣。自同治元年壬戌春二月。李鴻章率八千人下上海。統領淮軍常勝軍。轉鬥各地。大小數十戰。始於松江。終於嘉興常州。凡兩周歲。至同治三年甲子夏四月。平吳功成。

案李鴻章平吳大業。固由淮軍部將驍勇堅忍。而其得力於華爾戈登者實多。不徒常勝軍之戰勝攻取而已。當時李秀成智勇絕倫。軍中多用西式鎗砲。程劉郭周張潘諸將。雖善戰。不過徒恃天稟之勇謀。而未曉新法之作用。故淮軍初期與敵相遇。屢爲所苦。李鴻章有鑒於是。故諸將之取法常勝軍利用其器械者亦不少焉。而左宗棠平浙之功。亦得力於法國將官托格比吉格爾之徒甚多。本朝之絕而復續。蓋英法人大有功焉。彼等之意。欲藉以永保東亞和平之局。而爲商務之一樂園也。而豈料其至於今日。猶不先自振。而將來尚恐不免有 Great revolution 在其後乎。

先是曾國荃軍水陸策應。圍金陵既已二稔。至甲子正月。拔鍾山之石壘。敵失其險。外圍始合。內外不通。糧道已絕。城中食盡。洪秀全知事不可爲。於四月二十七日飲藥死。諸將擁立其子洪福。當時官軍尚未之覺。朝旨屢命李鴻章移江蘇得勝之師。助剿金陵。曾國荃以爲城賊既疲。糧彈俱盡。殲滅在即。恥借鴻章之力。而李鴻章亦不願分曾之功。深自抑退。乃託言盛暑不利用火器。固辭不肯進軍。朝廷不喻鴻章之旨。再三敦促。國荃聞之。憂憤不自勝。乃自五月十八日起。日夜督將士猛攻地保城。即龍脖子山陰之堅壘險要第一之地也遂拔之。更深穿地道。自五月三十至六月十五。隧道十餘處皆成。乃嚴戒城外各營。各整戰備。別懸重賞。募死士。約乘缺以先登。

時李秀成在金陵。秀全死後。號令一出其手。秀成知人善任。恩威並行。人心服之若子於父。五月十五日。秀成自率死士數百人。自太平門缺口突出。又別遣死士數百。冒官兵服式。自朝陽門突出。衝入曾營。縱火譁譟。時官軍積勞疲憊。戰力殆盡。驟遇此警。幾於瓦解獸散。幸彭毓橘諸將率新兵馳來救之。僅乃獲免。

六月十六日正午。隧道內所裝火藥爆裂。萬雷轟擊。天地爲動。城壁崩壞廿餘丈。曾軍將叱咤奮登。敵兵死抗。彈丸如雨。外兵立死者四百餘人。衆益奮發。踐屍而過。遂入城。李秀成至是早決死志。以所愛駿馬贈幼主洪福。使出城遁。而秀成自督兵巷戰。連戰三日夜。力盡被擒。敵大小將弁戰死焚死者三千餘人。城郭宮室連燒三日不絕。城中兵民久隨洪氏者男女十餘萬人。無一降者。自咸豐三年癸丑。秀全初據金陵。至是凡十二年始平。

案李秀成眞豪傑哉。當存亡危急之頃。滿城上下命在旦夕。猶能驅役健兒千數百突圍決戰。幾殲敵師。五月十五日之役。曾軍之不亡。天也。及城已破。復能以愛馬救幼主。而慷慨決死。有國亡與亡之志。雖古之大臣儒將。何以過之。項羽之烏騅不逝。文山之漆室無靈。天耶人耶。吾聞李秀成之去蘇州也。蘇州之民男女老幼莫不流涕。至其禮葬王有齡。優卹敗將降卒。儼然有文明國戰時公法之意焉。金陵城中十餘萬人無一降者。以視田橫之客五百人。其志同。其事同。而魄力之大。又百倍之矣。此有史以來戰爭之結局所未曾有也。使以秀成而處洪秀全之地位。則今日之域中。安知爲誰家之天下耶。秀成之被擒也。自六月十七日至十九日凡三日間。在站籠中。慷慨吮筆。記述數萬言。雖經官軍刪節。不能備傳。而至今讀之。猶凜凜有生氣焉。嗚呼。劉興罵項。成敗論人。今日復誰肯爲李秀成揚偉業發幽光者。百年而後。自有定評。後之良史。豈有所私。雖然。物競天擇。適者生存。曾左李亦人豪矣。

金陵克復。論功行賞。兩江總督曾國藩。加太子太保銜。封世襲一等侯。浙江巡撫曾國荃。江蘇巡撫李鴻章。皆封世襲一等伯。其餘將帥恩賞有差。國荃之克金陵也。各方面諸將咸嫉其功。誹謗讒言。蠭起交發。雖以左宗棠之賢。亦且不免。惟李鴻章無間言。且調護之功甚多云。

案此亦李文忠之所以爲文也。詔會剿而不欲分人功於垂成。及事定而不懷嫉妒於薦主。其德量有過人者焉。名下無虛。非苟焉已耳。

# 第五章　兵家之李鴻章下

捻亂之猖獗　李鴻章以前平捻諸將之失機　曾李平捻方略　東捻之役　西捻之役

金陵克復。兵氣半銷。雖然。捻亂猶在。憂未歇也。捻之起也。始於山東游民。及咸豐三年。洪秀全陷安慶金陵安徽全省大震。捻黨乘勢起於宿州亳州壽州蒙縣諸地。橫行皖齊豫一帶。所到掠奪。官軍不能制。其有奉命督師者。輒被逆擊。屢敗衄。以故其勢益猖。及咸豐七年冬。其游騎遂擾及直隸之大名府等地。北京戒嚴。今將捻亂初起以迄李鴻章督師以前。迭次所派平捻統帥。列表如下。

| (人) | (官) | (任官年分) | (屯駐地) |
|---|---|---|---|
| 善祿 | 河南提督 | 咸豐三年 | 永城縣 |
| 周天爵 | 欽差大臣 | 同 | 宿州 |
| 呂賢基 | 工部左侍郎 | 同 | 安徽 |
| 陸應穀 | 河南巡撫 | 同 | 開封府 |
| 舒興阿 | 陝甘總督 | 同 | 陳州 |
| 袁甲三 | 欽差大臣 | 同 | 宿州（周天爵卒代之） |
| 英桂 | 河南巡撫 | 同　四年 | 開封府 |
| 武隆額 | 安徽提督 | 同　五年 | 亳州 |
| 勝保 | 欽差大臣 | 同　七年 | 督江北軍 |

| | | | |
|---|---|---|---|
| 史榮春 | 提督 | 同八年 | 曹州兗州 |
| 田在田 | 總兵 | 同 | 同 |
| 邱聯恩 | 同 | 同 | 鹿邑 |
| 朱連泰 | 同 | 同 | 亳州 |
| 傅振邦 | 同 | 同九年 | 宿州 |
| 伊興額 | 都統 | 同 | 同 |
| 關保 | 協領 | 同 | 督河南軍 |
| 德楞額 | 同 | 同 | 曹州 |
| 勝保 | 都統欽差大臣 | 同十年 | 督河南軍關保副之 |
| 穆騰阿 | 副都統 | 同 | 安徽（副袁甲三） |
| 毛昶照 | 團練大臣 | 同 | 河南 |
| 僧格林沁 | 蒙古親王 | 同 | |
| 曾國藩 | 欽差大臣 | 同治三年 | |

庚申之役。文宗北狩熱河。捻黨乘之侵入山東。大掠濟寧。德楞額與戰。大敗。始以蒙古科爾沁親王僧格林沁督師追躡諸捻。號稱驍勇。同治二年。髮黨諸酋陳得才藍成昌賴汶洸等合於捻。捻酋張總愚任柱牛落江陳大喜等各擁衆數萬。出沒於山東河南安徽湖北各州縣。來往倏忽。如暴風疾雨。不可捉摸。官軍疲於奔命。同治三年

九月。捻黨一股入湖北。大掠襄陽隨州京山德安應山黃州蘄州等處。舒保戰死。僧王之師屢潰。僧王之爲人勇悍有餘而不學無術軍令太不整肅所至淫掠殘暴與髮捻無異以故湖北人民大失望。

其時金陵新克復餘黨合於捻者數萬人。又轉入河南山東掠城市、四年春僧王銳意率輕騎。追逐其酋。一日夜馳三百里。至曹州部下多怨叛四月廿五日。遂中捻首之計大敗力戰墮馬死。朝廷震悼忽以曾國藩爲欽差大臣。督辦直隸山東河南軍務。而命李鴻章署理兩江總督。爲國藩糧運後援。

先是官軍之剿捻也惟事追躡勞而無功間講防堵則彌縫一時耳要之無論爲攻爲守。非苟且姑息以養敵鋒。則躁進無謀以鈍兵力未嘗全盤打算立一定之方略以故勞師十五年。而無所成自曾國藩受事以後始畫長圍圈制之策謂必殲敵一隅然後可以聚殲。李鴻章禀承之遂定中原。

曾國藩君子人也常兢兢以持盈保泰急流勇退自策厲金陵已復素志已償便汲汲欲自引退及僧王之亡。捻氛追近京畿。情形危急國藩受命於敗軍之際。義不容辭。遂强起就任。然以爲湘軍暮氣漸深恐不可用故漸次遣撤。而惟用淮軍以赴前敵。蓋國藩初拜大命之始其意欲虛此席以待李鴻章之成功蓋已久矣及同治五年十二月。遂以疾辭而李鴻章代爲欽差大臣國藩回江督本任籌後路糧餉。

鴻章剿捻方略以爲捻賊已成流寇。偪之不流。然後會師合剿乃爲上策。明孫傳庭謂剿流寇當驅之於必困之途。取之於垂死之日如但一彼一此。爭勝負於矢石之間。卽勝亦無關於蕩平鴻章卽師此意故四年十一月曾奏稱須殲之於山深水複之處棄地以誘其入然後合各省之兵力三四面圍困之後此大功之成實由於是。

其年五月。任柱賴汶洸等大股深入山東。鴻章命潘鼎新劉銘傳儘力追躡。欲殲之於登萊海隅然後在膠萊咽喉。設法扼逼使北不得竄入畿疆。南不得蔓延淮南。六月。親督師至濟甯。相度形勢。以爲任賴各股皆百戰之餘。兼游兵散勇裹脅之衆。狡猾剽悍。未可易視。若兵力未足兜圍。而迫之過緊。畫地過狹。使其窺破機關。勢必急圖出竄。稍縱即逝。全局又非。於是定策先防運河以杜出路。次扼膠萊以斷咽喉。乃東撫丁寶楨一意欲驅賊出境。於鴻章方面頗多齟齬。七月。敵軍突撲濰河東省守將王心安方駐防戴廟。任敵偷渡。而膠萊之防遂潰。是時蜚謗屢起。朝廷責備綦嚴。有罷運防之議。鴻章覆奏以爲運河東南北三面。賊氛來往竄擾。官軍分路兜逐。地方雖受蹂躪。然受害者不過數府縣之地。驅過運西。則數省流毒無窮。同是疆土、同是赤子。而未便歧視也。乃堅持前議。不少變。十月十三日。劉銘傳在安邱濰縣之交大戰獲勝。二十四日。追至贛楡。銘傳與馬步統將善慶力戰。陣斃任柱。於是東捻之勢大衰。

二十八日。潘鼎新海州上莊一戰。斃悍賊甚夥。十一月十二日。劉銘傳唐仁廉等在濰縣壽光抄擊一晝夜。敵衆心攜。投降遂多。郭松林楊鼎勳潘鼎新繼之。無戰不捷。至二十九日。銘傳松林鼎勳等躡追七十里。至壽光瀰河間。始得接仗。戰至數十回合。又追殺四十餘里。斬獲幾三萬人。敵之精銳器械騾馬輜重拋盡。鴻章奏報中謂軍士同老營者。臣親加拊慰。皆饑憊勞苦。面無人色云。賴汶洸在瀰河敗後。落水未死。復糾合千餘騎。衝出六塘河防。黃翼升劉秉璋李昭慶等水陸馬步銜尾而下。節節追剿、祇賸數百騎。逼入高室水鄉。鴻章先派有統帶華字營淮勇之吳毓蘭在揚州運河扼守。諸軍戮力前截後追。十二月十一日。毓蘭生擒汶洸。東捻悉平。東蘇皖豫鄂五省。一律肅清。

鴻章奏捷後附陳所屬諸軍剿捻以來。馳逐數省。轉戰終年。日行百里。忍飢耐寒。憂讒畏譏。多人生未歷之苦境。

劉銘傳劉秉璋周盛波潘鼎新郭松林楊鼎勳。皆迭乞開缺。請稍爲休養。勿調遠役。並以劉銘傳積勞致病代爲請假三月。乃七年正月西捻張總愚大股。忽由山右渡河北竄直逼畿輔京師大震。初七初八日疊奉寄諭飭催劉銘傳善慶等馬步各營。迅赴河北進剿。鴻章以銘傳疲病正在假期不忍遽調。乃率周盛波盛傳馬步十一營。潘鼎新鼎字全軍。及善慶溫德克勒西馬隊。陸續進發。由東阿渡河。飭郭松林楊鼎勳整飭大隊隨後繼進。

西捻之役。有較東捻更難圖功者。一則黃河以北平坦千里。無高山大河以限之。張總愚狡猾知兵竄擾北地平原。擄馬最多。飆忽往來瞬息百里。欲設長圍以困之。然地勢不合。羅網難施。且彼鑒於任賴覆轍。一聞圍紮立卽死力沖出。不容官軍閒暇。次第施工。此一難也。二則淮軍全部皆屬南人。渡河以北。風氣懸殊。南勇性情口音與北人均不相習。且穀食麵食習慣不同。而馬隊既單。麩料又缺。此二難也。鴻章乃首請飭行堅壁清野之法。以爲「前者任賴捻股。流竄中原數省。畏墟寨甚於畏兵。豫東淮北民氣强悍。被害已久。逐漸添築墟寨。到處與城池相等。故捻逆一過卽走。不能久停。近年惟湖北陝西被擾最甚。以素無墟寨。籌辦不及。賊得盤旋飽掠。其勢愈張。直晉向無捻患。民氣樸懦。未能築寨自守。張總愚本極狡猾。又係窮寇。南有黃河之阻。必致縱橫馳突、無處不流。百姓驚徙蹂躪。詎有已時。可爲浩歎。(中略)自古用兵。必以彼此强弱飢飽爲定衡。賊未必强於官軍。但彼馬多而我馬少。自有不相及之勢。彼可隨地擄糧。我須隨地購糧。賊常飽而兵常飢。又有不能及之理。今欲絕賊糧斷賊馬。惟有苦勸嚴諭河北紳民。趕緊堅築墟寨。一有警信。收糧草牲畜於內。旣自固其身家。兼以制賊死命」云云。西捻之平。實賴於是。

西月。奏請以劉銘傳總統前敵各軍。溫旨敦促起行。使淮軍與直東民團。沿黃河運河築長牆浚濠以蹙敵。揀派各軍。輪替出擊。更番休息。其久追疲乏須暫休息之軍。即在運河東岸擇要屯駐。俟敵竄近。立起迎擊。以剿為防。又派張曜宋慶分紮夏津高唐一帶。程文炳紮陵縣吳橋一帶。為運防遮護。左宗棠亦派劉松山郭寶昌等軍自連鎮北至滄州一帶。減河東岸分紮。與楊鼎勳等軍就近策應。布置略定。然後進剿

五月。捻股竄向西北。各軍分投攔擊。疊次獲勝。鴻章乃趁黃河伏汛盛漲時。縮地圍紮。以運河為外圈。而就恩縣夏津高唐之馬頰河。截長補短。劃為裏圈。偪賊西南。層層布置。五六月間。各軍迭次大捷。敵勢蹙衰。降散漸多。六月十九至二十二等日。乘勝尾追。每戰皆捷。二十三日。張總愚涉水向西南逃竄。二十四日。由平原向高唐。二十五日。潘鼎新追百二十里。冒雨至高唐。敵已向博平清平一帶。圖撲運河。而官軍早於馬頰河西北岸築長牆數百里。足限戎馬。敵方詗知。已入彀中。竄地愈狹。死期近矣。是時各軍已久追疲乏。鴻章乃派劉銘傳生力馬軍助戰。軍勢大振。二十八日。將敵圈在徒駭黃運之間。銘傳調集馬步迎擊。追剿數里。值郭松林東來。馬步全軍攔住去路。又兼河道分歧。水溜泥陷。劉郭兩軍馬隊。五六千人。縱橫合擊。擒斬無算。張總愚僅帶數十騎北逃。旋自沈於河以死。西捻肅清。中原平。八月。李鴻章入覲京師。

鴻章之用兵也。謀定後動。料敵如神、故在軍中十五年。未嘗有所挫衄。雖曰幸運。亦豈不以人事耶。其剿髮也。以區區三城之立足地。僅一歲而蕩平全吳。其剿捻也。以十餘年剽悍之勁敵。羣帥所束手無策者。亦一歲而殲之。蓋若有天授焉。其待屬將也。皆以道義相交。親愛如骨肉。故咸樂為用命。眞將將之才哉、雖然。李鴻章兵事之生涯。實與曾國藩相終始。不徒薦主之感而已。其平吳也。由國藩統籌大局。肅清上流。曾軍合圍金陵。牽掣敵勢。故能使李秀成疲於奔命。有隙可乘。其平捻也、一承國藩所定方略。而所以千里饋糧士有宿飽者。又由有良江督

在其後無狼顧之憂也不寧惟是鴻章隨曾軍數年砥礪道義練習兵機蓋其一生立身行己耐勞任怨堅忍不拔之精神與其治軍馭將推誠布公團結士氣之方略無一不自國藩得之故有曾國藩然後有李鴻章其事之如父母敬之如神明不亦宜乎

## 第六章　洋務時代之李鴻章

洋務之治績　北洋海陸兵力　李鴻章辦理洋務失敗之由

洋務二字不成其爲名詞也雖然名從主人爲李鴻章傳則不得不以洋務二字總括其中世二十餘年之事業李鴻章所以爲一世俗儒所唾駡者以洋務其所以爲一世鄙夫所趨重者亦以洋務吾之所以重李責李而爲李惜者亦以洋務謂李鴻章不知洋務乎中國洋務人士吾未見有其比也謂李鴻章眞知洋務乎何以他國以洋務興而吾國以洋務衰也吾一言以斷之則李鴻章坐知有洋務而不知有國務以爲洋人之所務者僅於如彼云云也今試取其平定髮捻以後日本戰事以前所辦洋務各事列表如下

| | |
|---|---|
| 設外國語言文字學館於上海 | 同治二年正月 |
| 設江南機器製造局於上海 | 同　四年八月 |
| 設機器局於天津 | 同　九年十月 |
| 籌通商日本並派員往駐 | 同　九年閏十二月 |
| 擬在大沽設洋式礮臺 | 同　十年四月 |

| | |
|---|---|
| 挑選學生赴美國肄業 | 同　十一年正月 |
| 請開煤鐵礦 | 同　十一年五月 |
| 設輪船招商局 | 同　十一年十一月 |
| 籌辦鐵甲兵船 | 光緒元年十一月 |
| 請遣使日本 | 同　同 |
| 請設洋學局於各省分格致測算輿圖火輪機器兵法礮法化學電學諸門擇通曉時務大員主之並於考試功令稍加變通另開洋務進取一格 | 光緒元年十二月 |
| 派武弁往德國學水陸軍械技藝 | 同　二年三月 |
| 派福建船政生出洋學習 | 同　年十一月 |
| 始購鐵甲船 | 同　六年二月 |
| 設水師學堂於天津 | 同　年七月 |
| 設南北洋電報 | 同　年八月 |
| 請開鐵路 | 同　年十二月 |
| 設開平礦務商局 | 光緒七年四月 |
| 創設公司船赴英貿易 | 同　年六月 |
| 招商接辦各省電報 | 同　年十一月 |

築旅順船塢　同　八年二月
設商辦織布局於上海　同　年四月
設武備學堂於天津　同　十一年五月
開辦漠河金礦　同　十三年十二月
北洋海軍成軍　同　十四年
設醫學堂於天津　同　二十年五月

以上所列李鴻章所辦洋務。略具於是矣。綜其大綱。不出二端。一曰軍事。如購船購械造船造械築砲臺繕船塢等是也。二曰商務。如鐵路招商局織布局電報局開平煤礦漠河金礦等是也。其間有興學堂派學生游學外國之事。大率皆為兵事起見。否則以供交涉繙譯之用者也。李鴻章所見西人之長技。如是而已。海陸軍事。是其生平全力所注也。蓋彼以善戰立功名。而其所以成功。實由與西軍雜處。親覩其器械之利。取而用之。故事定之後。深有見夫中國兵力。平內亂有餘。禦外侮不足。故兢兢焉以此為重。其眼光不可謂不加尋常人一等。而其心力之瘁於此者亦至矣。計中日戰事以前。李鴻章手下之兵力大略如下。

北洋海軍兵力表

| 隊別 | 分職（船名） | （船式） | （噸數） | （馬力） | （速力） | （砲數） | （船員） | （進水年分） |
|---|---|---|---|---|---|---|---|---|
| 主戰 | 定遠 | 鐵甲 | 七、三三五 | 六、〇〇〇 | 一四、五 | 二二 | 三三〇 | 光緒八 一八八二 |
| | 鎮遠 | 同 | 七、三五五 | 六、〇〇〇 | 一四、五 | 二二 | 三三〇 | 同 |

| | | | | | | | | |
|---|---|---|---|---|---|---|---|---|
| 艦隊 | 經遠 | 同 | 二、九〇〇 | 三、〇〇〇 | 一五、五 | 一四 | 二〇二 | 同 一八八七 十三 |
| | 來遠 | 同 | 二、九〇〇 | 五、〇〇〇 | 一五、五 | 一四 | 二〇二 | 同 |
| 防守艦隊 | 致遠 | 巡洋 | 二、三〇〇 | 五、五〇〇 | 一八、〇 | 二三 | 二〇二 | 同 一八八六 十二 |
| | 靖遠 | 同 | 二、三〇〇 | 五、五〇〇 | 一八、〇 | 二三 | 二〇二 | 同 |
| | 濟遠 | 同 | 二、三〇〇 | 五、五〇〇 | 一八、〇 | 二三 | 二〇三 | 同 一八八三 九 |
| | 平遠 | 同 | 二、二〇〇 | 一、五〇〇 | 一四、五 | 一一 | …… | …… |
| | 超勇 | 同 | 一、三五〇 | 二、四〇〇 | 一五、〇 | 一八 | 一三〇 | 同 一八八一 七 |
| | 揚威 | 同 | 一、三五〇 | 二、四〇〇 | 一五、五 | 一八 | 一三〇 | 同 |
| | 鎮東 | 礮船 | 四四〇 | 三五〇 | 八、〇 | 五 | 五五 | 同 一八七九 五 |
| | 鎮西 | 同 | 四四〇 | 三五〇 | 八、〇 | 五 | 五五 | 同 |
| | 鎮南 | 同 | 四四〇 | 四四〇 | 八、〇 | 五 | 五五 | 同 |
| | 鎮北 | 同 | 四四〇 | 四四〇 | 八、〇 | 五 | 五五 | 同 |
| | 鎮中 | 同 | 四四〇 | 七五〇 | 八、〇 | 五 | 五五 | 同 一八八一 七 |
| | 鎮邊 | 同 | 四四〇 | 八四〇 | 八、〇 | 五 | 五五 | 同 |
| 練習艦 | 康濟 | 同 | 一、三〇〇 | 七五〇 | 九、五 | 一一 | 一二四 | 同 一八八一 七 |
| | 威遠 | 同 | 一、三〇〇 | 八四〇 | 一二、〇 | 一一 | 一二四 | 同 一八七七 三 |

| | | | | | | | |
|---|---|---|---|---|---|---|---|
| 補助艦 泰安 | 同 | 一、二五八 | 六〇〇 | 一〇、〇 | 五 | 一八〇 | 同二 一八七六 |
| 鎮海 | 同 | 九五〇 | 四八〇 | 九、〇 | 五 | 一〇〇 | 同治十 一八七一 |
| 操江 | 同 | 九五〇 | 四〇〇 | 九、〇 | 五 | 九一 | 同五 一八六五 |
| 湄雲 | 同 | 五七八 | 四〇〇 | 九、〇 | 四 | 七〇 | 同八 一八六九 |

附水雷船

| （船名） | （船式） | （噸數） | （速力） |
|---|---|---|---|
| 左隊一號 | 一等水雷 | 一〇八 | 二四 |
| 同 二號 | 同 | 同 | 一九 |
| 同 三號 | 同 | 同 | 一九 |
| 右隊一號 | 同 | 同 | 一八 |
| 同 二號 | 同 | 同 | 一八 |
| 同 三號 | 同 | 同 | 一八 |

直隸淮軍練勇表

當中日戰事時代。直隸淮軍練勇二萬餘人。其略如左。

| （軍隊） | （營數） | （人數） | （將領） | （駐地） |
|---|---|---|---|---|
| 盛軍 | 十八 | 九千 | 衞汝貴 | 小站 |

| | | | | |
|---|---|---|---|---|
| 銘軍 | 十二 | 四千 | 劉盛休 | 大連灣 |
| 毅軍 | 十 | 四千 | 宋慶 | 旅順口 |
| 蘆防淮勇 | 四 | 二千 | 葉志超 聶士成 | 蘆台北塘山海關 |
| 仁字虎勇 | 五 | 二千五百 | 聶士成 | 營口 |

合計四十九營二萬五千人之間

李鴻章注全副精神以經營此海陸二軍。自謂確有把握。光緒八年。法越肇釁之時。朝議飭籌畿防。鴻章覆奏有「臣練軍簡器十餘年於茲。徒以經費太絀。不能盡行其志。然臨敵因應。尚不至以孤注貽君父憂」等語。其所以自信者。亦可概見矣。何圖一旦中日戰開。艨艟樓艦。或創或夷。或以資敵。淮軍練勇。屢戰屢敗。聲名一旦掃地。以盡所餘敗鱗殘甲。再經聯軍津沽一役。隨羅榮光聶士成同成灰燼。於是直隸總督北洋大臣三十年所蓄所養所布畫。煙消雲散。殆如昨夢。及於李之死。而其所摩撫卵翼之天津。尚未收復。嗚呼、合肥合肥。吾知公之不瞑於九原也。

至其所以失敗之故。由於羣議之掣肘者半。由於鴻章之自取者亦半。其自取也。由於用人失當者半。由於見識不明者亦半。彼其當大功既立。功名鼎盛之時。自視甚高。覺天下事易易耳。又其裨將故吏。昔共患難。今共功名。徇其私情。轉相汲引。布滿要津。委以重任。不暇問其才之可用與否。以故臨機僨事。貽誤大局。此其一因也。又惟知練兵。而不知有兵之本原。惟知籌餉。而不知有餉之本原。故支支節節。終無所成。此又其一因也。下節更詳論之。

李鴻章所辦商務。亦無一成效可覩者。無他。官督商辦一語。累之而已。中國人最長於商。若天授焉。但使國家爲之制定商法。廣通道路。保護利權。自能使地無棄財。人棄棄力。國之富可立而待也。今每舉一商務。輒爲之奏請焉。爲之派大臣督辦焉。即使所用得人。而代大匠斲者。固未有不傷其手矣。況乃奸吏舞文。視爲利藪。憑挾狐威。把持局務。其已入股者安得不寒心。其未來者安得不裹足耶、故中國商務之不興。雖謂李鴻章官督商辦主義爲之厲階可也。

吾敢以一言武斷之曰。李鴻章實不知國務之人也。不知國家之爲何物。不知國家與政府有若何之關係。不知政府與人民有若何之權限。不知大臣當盡之責任。其於西國所以富强之原。茫乎未有聞焉。以爲吾中國之政教文物風俗。無一不優於他國。所不及者。惟鎗耳砲耳船耳鐵路耳機器耳。吾但學此。而洋務之能事畢矣。此近日舉國談時務者所異口同聲。而李鴻章實此一派中三十年前之先輩也。是所謂無鹽效西子之顰。邯鄲學壽陵之步。其適形其醜。終無所得也固宜。

雖然。李鴻章之識。固有遠過於尋常人者矣。嘗觀其同治十一年五月覆議製造輪船未可裁撤摺云。

臣竊惟歐洲諸國。百十年來。由印度而南洋。由南洋而中國。闖入邊界腹地。凡前史所未載。亘古所未通。無不款關而求互市。我皇上如天之度。概與立約通商。以牢籠之。合地球東西南朔九萬里之遥。胥聚於中國。此三千餘年一大變局也。西人專恃其鎗砲輪船之精利。故能横行於中土。中國向用之器械。不敵彼等。是以受制於西人。居今日而曰攘夷。曰驅逐出境。固虛妄之論。即欲保和局守疆土。亦非無具而能保守之也。(中略)士大夫囿於章句之學。而昧於數千年來一大變局。狃於目前苟安。而遂忘前二三十年之何以創鉅而痛深。後千百年之何以安內而制外。此停止輪船之議所由起也。臣愚以爲國家諸費皆可省。惟養兵設防練習鎗砲製造兵輪之費萬不可省。求省費則必屛除一切。國無與立。終不得强矣。

光緒元年因臺灣事變籌畫海防摺云。

玆總理衙門陳請六條。目前當務之急。與日後久遠之圖。業經綜括無遺。洵爲救時要策。所未易猝辦者。人才之難得。經費之難籌。畛域之難化。故習之難除。循是不改。雖日事設防。猶畫餅也。然則今日所急。惟在力破成見。以求實際而已。何以言之。歷代備邊。多在西北。其强弱之勢。主客之形。皆適相埒。且猶有中外界限。今則東南海疆萬餘里。各國通商傳敎。往來自如。麕集京師及各省腹地。陽託和好之名。陰懷吞噬之計。一國生事。諸國構煽。實惟數千年來未有之變局。輪船電報之速。瞬息千里。軍器機事之精。工力百倍。又爲數千年來未有之强敵。外患之乘。變幻如此。而我猶欲以成法制之。譬如醫者療疾。不問何症。概投之以古方。誠未見其效也。庚申以後。夷勢駸駸內向。薄海冠帶之倫。莫不發憤慷慨。爭言驅逐。局外之訾議。既不悉局中之艱難。及詢以自强何術。禦侮何能。則茫然靡所依據。臣於洋務涉歷頗久。聞見較廣。於彼己長短相形之處。知之較深。而環顧當世餉力人才。實有未逮。又多拘於成法。牽於衆議。雖欲振奮而末由。易曰。窮則變。變則通。蓋不變通則戰守皆不足恃。而和亦不可久也。

又云。

近時拘謹之儒。多以交涉洋務爲浼人之具。取巧之士。又以引避洋務爲自便之圖。若非朝廷力開風氣。破拘攣之故習。求制勝之實際。天下危局。終不可支。日後乏才。且有甚於今日者。以中國之大而無自强自立之時。

非惟可憂抑亦可恥

由此觀之則李鴻章固知今日爲三千年來一大變局固知狃於目前之不可以苟安固嘗有意於求後千百年安內制外之方固知古方不可醫新症固知非變法維新則戰守皆不足恃固知畛域不化故習不除則事無一可成甚乃知日後乏才且有甚於今日以中國之大而永無自强自立之時其言沈痛吾至今讀之則淚涔涔其承睫焉夫以李鴻章之忠純也若彼其明察也若此而又久居要津柄持大權而其成就乃有今日者何也則以知有兵事而不知有民政知有外交而不知有內治知有朝廷而不知有國民日責人昧於大局而己於大局先自不明日責人畛域難化故習難除而己之畛域故習以視彼等猶不過五十步與百步也殊不知今日世界之競爭不在國家而在國民殊不知泰西諸國所以能化畛域除故習布新憲致富强者其機恆發自下而非發自上而求其此機之何以能發則必有一二先覺有大力者從而導其轅而鼓其鋒風氣既成然後因而用之未有不能濟者也李鴻章而不知此不憂此則亦已耳亦既知之亦既憂之以彼之地位彼之聲望上之可以格君心以臂使百僚下之可以造輿論以呼起全國而惜乎李之不能也吾故曰李之受病在不學無術故曰爲時勢所造之英雄非造時勢之英雄也

雖然事易地而殊人易時而異吾輩生於今日而以此大業責李吾知李必不任受彼其所謂局外之訾議不知局中之艱難言下蓋有餘病焉援春秋責備賢者之義李固咎無可辭然試問今日四萬萬人中有可以 Cast the first stone 之資格者幾何人哉吾雖責李而必不能爲所謂拘謹之儒取巧之士囿於章句狃於目前者稍寬其罪而又決不許彼輩之隨我而容喙也要而論之李鴻章不失爲一有名之英雄所最不幸者以舉國之

大而無所謂無名之英雄以立乎其後故一躍而不能起也吾於李侯之遇有餘悲焉耳
自此章以後李鴻章得意之歷史終而失意之歷史方始矣

# 第七章　中日戰爭時代之李鴻章

中日戰事禍胎　李鴻章先事之失機　大東溝之戰　平壤之戰　甲午九十月以後大概情形　致敗之由　李鴻章之地位及責任

中國維新之萌孽自中日之戰生李鴻章蓋代之勳名自中日之戰沒惜哉李鴻章以光緒十九年七十賜壽既壽而病病而不死卒遇此變禍機重疊展轉相繼更閱八年之至艱極險殊窘奇辱以死於今日彼蒼者天前之所以寵此人者何以如是其優後之所以厄此人者何以如是其酷耶吾泚筆至此不禁廢書而歎也

中日之戰起於朝鮮推原禍始不得不謂李鴻章外交遺恨也朝鮮本中國藩屬也初同治十一年日本與朝鮮有違言日人遣使問於中國蓋半主之邦其外交當由上國主之公法然也中國當局以畏事之故遽答之曰朝鮮國政我朝素不與聞聽貴國自與理論可也日本遂又遣使至朝鮮光緒元年正月與朝鮮訂立和約其第一條云日本以朝鮮爲自主之國與日本之本係自主者相平等云云是爲日本與朝鮮交涉之嚆矢光緒五年英美德法諸國相繼求互市於朝朝人驚皇躊躇不決李鴻章乃以函密勸其太師李裕元令與各國立約其奏摺謂藉此以備禦俄人牽制日本云云光緒六年駐日使臣何如璋致書總理衙門倡主持朝鮮外交之議謂中國當於朝鮮設駐紮辦事大臣李鴻章謂若密爲維持保護尙覺進退綽如倘顯然代謀在朝鮮未必盡聽吾言而

各國或將惟我是問。他日勢成騎虎。深恐彈丸未易脫手云云。光緒八年十月。侍讀張佩綸復奏請派大員爲朝鮮通商大臣。理其外交之政。鴻章覆奏亦如前議。是則鴻章於屬邦無外交之公法。知之未悉。徒貪一時之省事。假名器以畀人。是實千古之遺恨也。自茲以往。各國皆不以中國藩屬待朝鮮也久矣。光緒十一年。李鴻章與伊藤博文在天津訂約。載明異日朝鮮有事。中日兩國欲派兵往。必先互行知照。於是朝鮮又似爲中日兩邦公同保護之國。名實離奇。不可思議。後此兩國各執一理。轇轕不清。釀成大釁。實基於是。而其禍本不得不謂外交遺策貽之。此爲李鴻章失機第一事。

光緒二十年三月。朝鮮有東學黨之亂。勢頗猖獗。時袁世凱駐朝鮮。爲辦理商務委員。世凱者。李鴻章之私人也。屢致電李。請派兵助剿。復慫恿朝王來乞師。鴻章遂於五月初一日派海軍濟遠揚威二艦赴仁川漢城護商。並調直隸提督葉志超帶淮勇千五百人向牙山。一面遵依天津條約。先照會日本。日本隨即派兵前往。至五月十五日。日兵到仁川者已五千。韓廷大震。請中國先行撤兵以謝日本。中國不允。乃與日本往復會商一齊撤兵之事。蓋是時亂黨已解散矣。日本既發重兵。有進無退。乃議與中國同干預朝鮮內政。助其變法。文牘往來。詞意激昂。戰機伏於眉睫間矣。

是役也。在中國之意。以爲藩屬有亂。卑詞乞援。上國有應代靖亂之責任。故中國之派兵。是也。在日本之意。則以既認朝鮮爲自主。與萬國平等。今中國急派兵而代平等之國靖亂。其意不可測。故日本之派兵以相抵制。亦是也。此二國者各執一說。咸曲彼而直我。皆能持之有故。言之成理焉。但其中有可疑者。當未發兵之先也。袁世凱屢電稱亂黨猖獗。韓廷決不能自平。其後韓王乞救之咨文。亦袁所指使。乃何以五月初一日始發兵。而初十日已有亂黨悉平之報。其時我軍尚在途中。與亂黨風馬牛不相及。然則朝亂之無待於代剿明矣。無待代剿。而我無端發兵。安得不動日本之疑耶。故我謂曲在日本。日本不任受也。論者謂袁世凱欲借端以邀戰功。故張大其詞。生此波瀾。而不料日本之躡其後也。果爾。則是以一念之私。遂至毒十餘萬之生靈。隳數千年之國體。袁固不能辭其責。而用袁聽袁者。不謂失知人之明哉。此爲李鴻章失機第二事。

日本屢議協助干預。而華不從。中國屢請同時撤兵。而日不允。李鴻章與總理衙門。方日冀俄英出爲調處。北京倫敦聖彼得堡函電紛馳。俄英亦託必爲出力。冀獲漁人之利。遷延經日。戰備未具。及五月下旬。而日本之兵調到韓境者已萬餘人矣。平時兵力既已不能如人。而臨時戰備又復著著落後。使敵盡扼要衝。主客易位。蓋未交綏而勝負之數已見矣。此爲李鴻章失機第三事。

三機既失。戰事遂開。六月十二日。李鴻章奉廷寄籌戰備。乃派總兵衛汝貴統盛軍馬步六營進平壤。提督馬玉崑統毅軍二千進義州。分起由海道至大東溝登岸。而飭葉志超軍移紮平壤。皆淮軍也。所派往各兵。雇英商三輪船分運。而以濟遠廣丙二兵輪衞之。廿五晨爲日兵輪襲擊。濟遠管帶方伯謙見敵近。惶恐匿鐵甲最厚處。繼遭日砲毀其桅。即高懸白旗。下懸日旗。逃回旅順。高陞擊沈。我軍死者七百餘。二十七日。布告各國。飭駐日公使汪鳳藻撤旗歸國。二十九日。牙山失守。葉志超退回平壤。捏報勝仗。稱於二十五六七等日迭次殲斃倭兵五千餘人。得旨賞給軍士銀二萬兩。將弁保獎者數十人焉。自茲以往。海軍淮軍之威望。始漸失墜矣。

方五六月間。日本兵船麕集朝鮮。殆如梭織。而各華艦避匿於威海衞。逍遙河上。迨京外交章參劾。始佯遣偏師。開出口外。或三十里而止。或五十里而止。大抵啓椗出口。約歷五六點鐘。便遽回輪。即飛電北洋大臣。稱某船巡邏至某處。並無倭兵蹤跡云云。種種情形。可笑可歎。八月初旬。北洋疊接軍電。請濟師以壯聲威。遂以招商局船五艘。載運兵丁銀米。以海軍兵艦護送。凡鐵甲船巡洋船各六艘。水雷船四艘。合隊同行。中秋日安抵鴨綠江口。五運船鼓輪直入。淺水兵船及水雷船與之偕。餘艦小住於離江十里或十六里之地。爐中之煤未熄也。十六晨。瞭見南方黑煙縷縷。知日艦將至。海軍提督丁汝昌。傳令列陣作人字形。鎭遠定遠兩鐵艦爲人字之首。靖遠來遠懷遠經遠致遠濟遠超勇揚威廣甲廣丙及水雷船。張人字之兩翼。兼以號旗招鴨綠江中諸戰船悉出助戰。俄而敵艦漸近。列陣作一字。營向華軍猛撲。共十一艘。其巡洋船之速率。過於華軍。轉瞬間又易而爲太極陣。裹人字於其中。華艦先開巨砲以示威。然距日船者九里。不中宜也。砲聲未絕。敵船麕至。與定遠鎭遠相去恆六里許。蓋畏重甲而避重砲。且華砲之力不能及。日兵之彈已可至也。與人字陣末二艦相逼較近。欺砲略小而甲略薄也。有頃。日艦圈入人字陣脚。致遠經遠濟遠三艘。皆被挖出圈外。致遠失羣後。船身疊受重傷。勢將及溺。其管帶鄧世昌。開足汽機。向日艦飛馳。欲撞與同沈。未至而已覆溺。舟中二百五十人。同時殉難。蓋中日全役。死事者以鄧君爲最烈云。其同時被圈出之經遠。船羣甫離。火勢陡發。管帶林永升。發砲以攻敵。激水以救火。依然井井有條。遙見一日艦。似已受傷。卽鼓輪追之。乃被放水雷相拒。閃避不及。遽被轟裂。死難者亦二百七十人。嗚呼慘矣。至管帶濟遠之方伯謙。卽七月間護送高陞至牙山。途遇日艦逃回旅順者也。是日兩陣甫交。方伯謙先挂本船已受重傷之旗。以告主將。旋因圖遁之故。亦被日船劃出圈外。致經兩船與日苦戰。方伯謙置而不顧。如喪家狗。遂誤至水淺處。時揚威鐵甲先已擱淺。不能轉動。濟遠撞之。裂一大穴。遂之沈沒。揚威遭此橫逆。死者百五十餘人。方伯謙驚駭欲絕。飛遁入旅順口。越日李鴻章電令縛伯謙軍前正法云。同時效方伯謙者有廣甲一艦。逃出陣外。未知其受傷與否。然以祇防後追。不顧前路。遂誤擅於島石。爲日軍發水雷轟碎之。陣中自經遠致遠揚威超勇沈濟遠廣甲逃。與日艦支持者僅七艘耳。是役也。日艦雖或受重傷。或遭小損。然未喪一艘。而華軍之所喪蓋五船矣。

海軍既在大東溝被夷。陸軍亦在平壤同時失事。平壤爲朝鮮要鎭。西南東三面均有大江圍繞。北面則枕崇山。城倚山崖。城東江水繞山南迤西而去。西北隅則無山無水。爲直達義州之孔道。我軍葉志超聶桂林豐陞阿左寶貴衞汝貴馬玉崑六將。共統勇丁三十四營。自七月中會齊此地。皆李鴻章部下也。當中國之初發兵於牙山也。副將聶士成曾建議以爲當趁日兵未入韓地之先。先以大兵渡鴨綠江。速據平壤。而以海軍艦隊扼仁川港口。使日本軍艦不得逞。牙山成歡之兵。與北洋海軍既牽掣日軍。然後以平壤大軍南襲韓城云云。李鴻章不能用。及七月廿九日。牙山敗績。此策遂廢。

雖然日兵之入韓也。正當溽暑鑠金之時。道路險惡狹隘。行軍非常艱險。又沿途村里貧瘠。無從因糧。韓人素懾我威。所至供給呼應雲動。其待日兵則反是。故敵軍進攻平壤之際。除乾糧之外。無所得食。以一匙之鹽供數日云。當此之時。我軍若曉兵機。乘其勞憊。出奇兵以迎襲之。必可獲勝。乃計不出此。惟取以主待客以逸待勞之策。恃平壤堡壘之堅。謂可捍敵。此失機之大者也。李鴻章於八月十四日所下令。精神全在守局。而不在戰局。蓋中日全役。皆爲此精神所誤也。

時依李鴻章之部署。馬玉崑率所部毅軍四營。繞出江東。爲犄角勢。衞豐二軍十八營。駐城南江岸。左軍六營。守北山城上。葉聶兩帥居城中。十二三四等日。日兵已陸續齊集平壤附近。互相挑戰。彼此損傷不多。至十五日晚。

敵部署已定。以右翼隊陷大同江左岸橋里之礮臺。更渡江以衝平壤之正面。而師團長本隊爲其後援。以左翼隊自羊角島下渡大同江。衝我軍之右。十六日在大同江岸與馬軍相遇。劇戰。敵軍死傷頗多。礮臺卒被陷。時左寶貴退守牡丹臺。有七響之毛瑟鎗及快礮等。鏖戰頗力。敵軍連發開花礮。寶貴負傷。卒兵遂大亂。午後四點半鐘。葉志超急懸白旗。乞止戰。是夜全師紛紛宵遁。從義州甑山兩路。爲敵兵截殺。死者二千餘人。平壤遂陷。是役也。李鴻章二十餘年所練之兵。以勁旅自誇者。略盡矣。中國軍備之弛。固久爲外國所熟知。獨淮軍奉軍正定練軍等。素用洋操。鴻章所苦心經營者。故日本懾其威名。頗憚之。既戰勝後。其將領猶言非始願所及也。其所以致敗之由。一由將帥闒冗非人。其甚者如衛汝貴剋扣軍餉。臨陣先逃。如葉志超飾敗爲勝。欺君邀賞。以此等將才臨前敵。安得不敗。一由統帥六人。官職權限皆相等。無所統攝。故軍勢散渙。呼應不靈。蓋此役爲李鴻章用兵敗績之始。而淮軍聲名。亦從此掃地以盡矣。久練之軍。尚復爾爾。其他倉卒新募。紀律不諳。器械不備者。更何足道。自平壤敗績以後。廟算益飄搖。無定。軍事責任。不專在李鴻章一人。茲故不詳敍之。僅列其將帥之重要者如下。

| | | | |
|---|---|---|---|
| 一依克唐阿 | 奉天將軍 | 滿洲馬隊 | 以光緒二十年八月派爲欽差大臣 |
| 二宋慶 | 提督 | 新募軍 | 以光緒二十年　月派總統前敵各軍 |
| 三吳大澂 | 湖南巡撫 | 湘軍 | 以光緒二十年十二月派爲幫辦軍務大臣 |
| 四劉坤一 | 兩江總督 | 湘軍 | 以光緒二十年十二月派爲欽差大臣 |

其餘先後從軍者。則有承恩公桂祥。（慈禧太后之胞弟）副都統秀吉之神機營馬步兵。按察使陳湜。布政使魏

光燾。道員李光久。總兵劉樹元。編修曾廣鈞。總兵余虎恩。提督熊鐵生等之湘軍。按察使周馥。提督宗德勝等之淮軍。副將吳元愷之鄂軍。提督馮子材之粵勇。提督蘇元春之桂勇。郡王哈咪之回兵。提督閃殿魁新募之京兵。提督丁槐之苗兵。侍郎王文錦。提督曹克忠奉旨團練之津勝軍。某蒙員所帶之蒙古兵。其間或歸李鴻章節制。或歸依克唐阿節制。或歸宋慶節制。或歸吳大澂節制。或歸劉坤一節制。毫無定算。毫無統一。識者早知其無能爲役矣。

九連城失。鳳皇城失。金州失。大連灣失。岫巖失。海城失。旅順口失。蓋平失。營口失。登州失。榮城失。威海衛失。劉公島失。海軍提督丁汝昌以北洋敗殘兵艦降於日本。於是中國海陸兵力遂盡。茲請更將李鴻章生平最注意經營之海軍。重列一表。以志末路之慼。

| | | | |
|---|---|---|---|
| 經遠 | 鐵甲船 | 沈 | 黃海 |
| 致遠 | 鋼甲船 | 同 | 同 |
| 超勇 | 同 | 同 | 同 |
| 揚威 | 同 | 火 | 同 |
| 捷順 | 水雷船 | 奪 | 大連灣 |
| 失名 | 同 | 沈 | 旅順口外 |
| 操江 | 木質礮船 | 奪 | 豐島中 |
| 來遠 | 鐵甲船 | 沈 | 威海衛 |

| | | | |
|---|---|---|---|
| 威遠 | 練習船 | 同 | 同 |
| 福龍 | 水雷船 | 奪 | 劉公島外 |
| 靖遠 | 鋼甲船 | 沈 | 同 |
| 定遠 | 鐵甲船 | 降 | 劉公島中 |
| 鎮遠 | 同 | 同 | 同 |
| 平遠 | 同 | 同 | 同 |
| 濟遠 | 鋼甲船 | 同 | 同 |
| 威遠 | 木質船 | 同 | 同 |

其餘尚有康濟湄雲之木質小兵船。鎮化鎮邊鎮西鎮中之四蚊子船。又水雷船五。礮船三。凡劉公島灣內或傷或完之船。大小二十三艘。悉爲日有。其中復有廣東水師之廣甲廣丙廣乙三船。或沈或降。自茲以往。而北洋海面數千里。幾不復有中國之帆影輪聲矣。

當中日戰事之際。李鴻章以一身爲萬矢之的。幾於身無完膚。人皆欲殺。平心論之。李鴻章誠有不能辭其咎者。其始誤勸朝鮮與外國立約。昧於公法。咎一。既許立約。默認其自主。而復以兵干涉其內亂。授人口實。咎二。日本既調兵。勢固有進無退。而不察先機。輒欲倚賴他國調停。致誤時日。咎三。聶士成請乘日軍未集之時。以兵直擣韓城以制敵。而不能用。咎四。高陞事未起之前。丁汝昌請以北洋海軍先壓敵艦。而不能用。遂令反客爲主。敵坐大。而我愈危。綜其原因、皆由不欲釁自我開。以爲外交之道應爾。而不知當甲午五六月間。中日早成敵國。而非友邦矣。誤以交鄰之道施諸兵機。咎五。鴻章將自解曰。量我兵力不足以敵日本。故憚於發難也。雖然。身任北洋。整軍經武二十年。何以不能一戰。咎六。彼又將自解曰。政府掣肘。經費不足也。雖然。此不過不能擴充已耳。何以其所現有者。如葉志超衞汝貴諸軍。素以久練著名。亦脆弱乃爾。且剋減口糧。盜掠民婦之事。時有所聞。乃並紀律而無之也。咎七。鎗或苦窳。彈或贗物。彈不對鎗。藥不隨械。謂從前管軍械局之人皆廉明。誰能信之。咎八。平壤之役。軍無統帥。此兵家所忌。李乃蹈之。咎九。始終坐待敵攻。致於人而不能致人。畏敵如虎。咎十。海軍不知用快船快礮。咎十一。旅順天險。西人謂以數百兵守之。糧食苟足。三年不能破。乃委之於所親暱闒冗恇怯之人。聞風先遁。咎十二。此皆可以爲李鴻章罪者。若夫甲午九十月以後。則羣盲狂吠。築室道謀。號令不出自一人。則責備自不得歸於一點。若盡以爲李鴻章咎。李固不任受也。

又豈惟不任受而已。吾見彼責李罪李者。其可責可罪。更倍蓰於李而未有已也。是役將帥無一人不辱國。不待言矣。然比較於百步五十步之間。則海軍優於陸軍。李鴻章部下之陸軍。又較優於他軍也。海軍大東溝一役。彼此鏖戰五點餘鐘。西人觀戰者咸嘖嘖稱讚焉。雖其中有如方伯謙之敗類。（或謂伯謙實爲救火保船海軍兵機當爾云）然餘船之力門者。固可以相償。即敵軍亦起敬也。故日本是役。惟海軍有敵手。而陸軍無敵手。及劉公島一役。食盡援絕。降敵以全生靈。殉身以全大節。蓋前後死難者。鄧世昌林泰增丁汝昌劉步蟾張文宣。雖其死所不同。而咸有男兒之概。君子愍之。諸人者皆北洋海軍最要之人物也。以視陸軍之全無心肝者何如也。陸軍不忍道矣。然平壤之役。猶有左寶貴馬玉崑等一二日之劇戰。是李鴻章部下之人也。敵軍死傷相當云。其後欲恢復金州海城鳳凰城等處。及防禦蓋平。前後幾度。皆曾有與日本苦戰之事。雖不能就。然固已盡力矣。主之者實宋慶。亦李鴻章舊部也是固不足以償葉志超衛汝貴黃仕林趙懷業龔照璵等之罪乎雖然以比諸吳大澂之出勸降告示未交鋒而全軍崩潰者何如以視劉坤一之奉命專征逗留數月不發者何如是故謂中國全國軍旅皆腐敗可也徒歸罪於李鴻章之淮軍不可也而當時盈廷虛憍之氣若以爲一殺李鴻章則萬事皆了而彼峨冠博帶指天畫地者遂可以氣吞東海舌撼三山蓋湘人之氣燄尤咻咻焉此用湘軍之議所由起也乃觀其結局豈惟無以過淮軍而已又更甚焉嘻可以愧矣吾之爲此言非欲爲淮軍與李鴻章作冤詞也吾於中日之役固一毫不能爲李淮恕也然特患夫虛憍囂張之徒毫無責任而立於他人之背後摭其短長以爲快談而迄未嘗思所以易彼之道蓋此輩實亡國之利器也李固可責而彼輩又豈能責李之人哉

是役也李鴻章之失機者固多即不失機而亦必無可以倖勝之理蓋十九世紀下半紀以來各國之戰爭其勝負皆可於未戰前決之何也世運愈進於文明則優勝劣敗之公例愈確定實力之所在即勝利之所在有絲毫不能假借者焉無論政治學術商務莫不皆然而兵事其一端也日本三十年來刻意經營上下一心以成此節制敢死之勁旅孤注一擲以向於我豈無所自信而敢乃爾耶故及其敗然後知其所以敗之由是愚人也乃或及其敗而猶不知其致敗之由是死人也然則徒罪李鴻章一人烏乎可哉

西報有論者曰日本非與中國戰實與李鴻章一人戰耳其言雖稍過然亦近之不見乎各省大吏徒知畫疆自守視此事若專爲直隸滿洲之私事者然其有籌一餉出一旅以相急難者乎即有之亦空言而已乃至最可笑者劉公島降艦之役當事者致書日軍求放還廣丙一艦書中謂此艦係屬廣東此次戰役與廣東無涉云云各國聞者莫不笑之而不知此語實代表各省疆臣之思想者也若是乎日本果眞與李鴻章一人戰也以一人而

戰。一國合肥。合肥雖敗亦豪哉。自是而李鴻章兵事上之聲譽終。而外交上之困難起。

# 第八章　外交家之李鴻章上

天津教案　法越之役　中日天津條約　議和日本　停戰條約及遇刺　中日和約及其功罪

李鴻章之負重望於外國也以外交。李鴻章之負重謗於中國也亦以外交。要之李鴻章之生涯。半屬外交之生涯也。欲斷定其功罪。不可不以外交爲最大之公案。故於此事特留意焉。

李鴻章辦外交。以天津教案爲首。時値髮捻初平。內憂甫弭。無端而有津民戕教焚法國領事館之事起。（同治九年）法人藉端要挾。聯英美以迫政府。其欲甚奢。曾國藩方任直隸總督。深察此事之曲在我。而列國蹊田奪牛手段。又非可以顢頇對付也。乃曲意彌縫。鎮壓津民。正法八人。議罪二十餘人。而法人之心猶未饜。必欲重索賠款。且將天津知府知縣置諸重典。國藩外之應付西人。已極竭蹶。而內之又爲京師頑固黨所掊擊。呼爲賣國賊。京師湖廣會館將國藩匾落拔除摧燒即此時也白簡紛紜。舉國欲殺。於是通商大臣崇厚恐事決裂。請免國藩而以鴻章代之。明詔敦促赴任。是爲李鴻章當外交衝要之濫觴。實同治九年八月也。

彼時之李鴻章。殆天之驕子乎。順風張帆。一日千里。天若別設一位置以爲其功名之地。當其甫受任督直隸也。普法之戰頓起。法人倉皇自救。不復他及。而歐美各國亦復奔走相顧。且汗且喘。以硏究西方之大問題。而此東方小問題。幾莫或措意。於是天津教案遂銷沈於若有若無之間。中國當時之人。無一知有世界大局者。以普法

一役如此驚天動地之大事固咸熟視無覩以爲是李鴻章之聲望韜略過於曾國藩萬萬也於是鴻章之聲價頓增

天津教案以後日本戰事以前李鴻章所辦交涉事件以十數而其關係最重者爲法國安南之役日本朝鮮之役光緒八年法國有事於安南眈眈逐逐思大有所逞與中國既定約而復借端毀棄之於是中法戰事開法水師提督格魯比預定戰略其海軍先奪海南次踞臺灣直擣福州殲我艦隊其陸軍則自越之東京出略雲南貴州如是則水陸兩者必大有所獲將來東方權力可以與英國爭衡於是格魯比一面電達本國請給軍需並增派軍隊一面乘福州之無備轟我船廠壞我兵船一面以陸軍迫東京當時南方之天地大有風雲慘淡之觀李鴻章乃行伐謀伐交之策思嗾英德以牽制法人時曾紀澤方充英使受命辦此事雖未能成而法政府因之有所顧忌增兵籌餉之案在議院否決格魯比時方攻臺灣之淡水不能下安南之陸兵又爲黑旗軍所持不得行其志忽接此案否決之報大憤幾死法人乃先請和於我李鴻章此役以後其外交手段始爲歐人所注視矣

當法事之方殷也朝鮮京城又有襲擊日本使館之事蓋華兵韓兵皆預有謀焉朝鮮之爲藩屬爲自主久已抗議於中日兩國間轇轕未定日本乘我多事之際派伊藤博文來津交涉及方到而法人和局已就李鴻章本有一種自大之氣今見虎狼之法尚且帖耳就範蕞爾日本其何能爲故於伊藤之來也傲然以臨之彼伊藤於張邵議和之時私語伍廷芳謂前在天津見李中堂之尊嚴至今思之猶悸蓋得意時洩宿憾之言也伊藤此行亦不能得志僅約他日朝鮮有事甲國派兵往須先照會乙國而已所謂天津條約者是也雖然此約竟爲後此中日開釁之引線矣

李鴻章對朝鮮之外交種種失策前章已言之矣然因此之故天津條約遂至變爲馬關條約嗚呼莊生有言其作始也簡其將畢也鉅善弈者每於至閒之著斷斷不肯放過後有當此局者可無愼歟戰事至甲午之冬中國舍求和外更無長策正月乃派張蔭桓邵友濂講於日本日本以其人微言輕也拒不納乃更派李鴻章二月遂行隨帶參贊李經方等以二十四日抵馬關與日本全權大臣伊藤博文陸奥宗光開議翌日首議停戰條件日本首提議以大沽天津山海關三處爲質辯論移時不肯少讓乃更議暫擱停戰之議卽便議和伊藤言既若爾則須將停戰之節略撤回以後不許再提及彼此磋磨未決及二十八日第三次會議歸途中突遇刺客以槍擊鴻章中左顴槍子深入左目下一暈幾絕日官聞警來問狀者絡繹不絕伊藤陸奥亦躬詣慰問謝罪甚恭憂形於色日皇及舉國臣民同深震悼遂允將中國前提出之停戰節略畫押口舌所不能爭者藉一槍子之傷而得之於是議和前一節略有端緒當遇刺之初日皇遣御醫軍醫來視疾衆醫皆謂取出槍子創乃可瘳但須靜養多日不勞心力云鴻章慨然曰國步艱難和局之成刻不容緩予焉能延宕以誤國乎甯死無割刺之明日或見血滿袍服言曰此血所以報國也鴻章潸然曰舍予命而有益於國亦所不辭其慷慨忠憤之氣君子敬之

遇刺後得旨慰勞並派李經方爲全權大臣而李鴻章實一切自行裁斷雖創劇偃臥猶口授事機羣醫苦之三月初七日伊藤等將所擬和約底稿交來十一日李備覆文將原約綜其大綱分四款一朝鮮自主二讓地三兵費四通商權利除第一朝鮮自主外餘皆極力駁議十五日復另擬一約底送去卽擬請賠兵費一萬萬兩割奉天南四廳縣地方等日本亦條條駁斥十六日伊藤等又備一改定約稿寄來較前稍輕減卽馬關條約之大概也是日鴻章創已愈復至春帆樓與日本全權大臣面議刻意磋磨毫無讓步惟有聲明若能於三年內還淸償

款。則一律免息。及威海衞駐兵費。減一半耳。今將其條約全文列下。

大日本帝國大皇帝陛下。及大淸帝國大皇帝陛下。爲訂定和約。俾兩國及其臣民。重修平和。共享幸福。且杜絕將來紛紜之端。大日本帝國大皇帝陛下。特簡大日本帝國全權辦理大臣內閣總理大臣從二位勳一等伯爵伊藤博文。大日本帝國全權辦理大臣外務大臣從二位勳一等子爵陸奧宗光。大淸帝國大皇帝陛下。特簡大淸帝國欽差頭等全權大臣太子太傅文華殿大學士北洋通商大臣直隸總督一等肅毅伯爵李鴻章。大淸帝國欽差全權大臣二品頂戴前出使大臣李經方。爲全權大臣。彼此較閱所奉諭旨。認明均屬妥實無闕。會同議定各條款。開列於左。

第一款　中國認明朝鮮國確爲完全無缺之獨立自主。故凡有虧損獨立自主體制。卽如該國向中國所修貢獻典禮等。嗣後全行廢絕。

第二款　中國將管理下開地方之權。併將該地方所有堡壘軍器工廠。及一切屬公物件。永遠讓與日本。〇一下開劃界以內之奉天省南邊地方。從鴨綠江口。溯該江以抵安平河口。又從該河口。劃至鳳凰城海城及營口而止。畫成折線以南地方。所有前開各城市邑。皆包括在劃界線內。該線抵營口之遼河後。卽順流至海口止。彼此以河中心爲分界。遼東灣東岸。及黃海北岸。在奉天所屬諸島嶼。亦一併在所讓界內。〇二臺灣全島。及所有附屬各島嶼。〇三澎湖列島。卽英國格林尼次東經百十九度起。至百二十度止。及北緯二十三度起。至二十四度之間諸島嶼。

第三款　前款所載。及黏附本約之地圖。所劃疆界。俟本約批准互換之後。兩國應各選派官員二名以上。

爲公同劃定疆界委員。就地踏勘。確定劃界。若遇本約所訂疆界。於地形或治理所關。有礙難不便等情。各該委員等當妥爲參酌。更定各該委員等。當從速辦理界務。以期奉委之後。限一年竣事。但遇各該委員等有所更定畫界。兩國政府未經認准以前。應據本約所定畫界爲正。

第四款　中國約將庫平銀二萬萬兩。交與日本。作爲賠償軍費。該款分作八次交完。第一次五千萬兩。應在本約批准互換後六個月內交清。第二次五千萬兩。應在本約批准互換後十二個月內交清。餘款平分六次。遞年交納。其法列下。第一次平分遞年之款。於兩年內交清。第二次於三年內交清。第三次於四年內交清。第四次於五年內交清。第五次於六年內交清。第六次於七年內交清。其年分均以本約批准互換之後起算。又第一次賠款交清後。未經交完之款。應按年加每百抽五之息。但無論何時。將應賠之款。或全數或幾分。先期交清。均聽中國之便。如從條約批准互換之日起。三年之內。能全數清還。除將已付利息。或兩年半。或不及兩年半。於應付本銀扣還外。餘仍全數免息。

第五款　本約批准互換之後。限二年之內。日本准中國讓與地方人民。願遷居讓與地方之外者。任便變賣所有產業。退去界外。但限滿之後。尚未遷徙者。均宜視爲日本臣民。又臺灣一省。應於本約批准互換後。兩國立卽各派大員至臺灣。限於本約批准互換後兩個月內交接清楚。

第六款　日中兩國所有約章。因此次失和。自屬廢絕。中國約俟本約批准互換之後。速派全權大臣。與日本所派全權大臣。會同訂立通商行船條約。及陸路通商章程。其兩國新訂約章。應以中國與泰西各國現行約章爲本。又本約批准互換之日起。新訂約章未經實行之前。所有日本政府官吏臣民。及商業工藝行船船隻陸路通商等與中國最爲優待之國禮遇護視。一律無異。中國約將下開讓與各款。從兩國全權大臣畫押蓋印日起六個月後。方可照辦○第一。現今中國已開通商口岸之外。應准添設下開各處。立爲通商口岸。以便日本臣民往來僑寓從事商業工藝製作。所有添設口岸。均照向開通商海口。或向開內地鎮市章程。一體辦理。應得優例及利益等。亦當一律享受。一湖北省荊州府沙市。二四川省重慶府。三江蘇省蘇州府。四浙江省杭州府。日本政府得派遣領事官於前開各口駐紮○第二。日本輪船得駛入下開各口。附搭行客裝運貨物。一從湖北省宜昌溯長江以至四川省重慶府。二從上海駛進吳淞江及運河以至蘇州府杭州府。日中兩國未經商定行船章程以前。上開各口行船務依外國船隻駛入中國內地水路現行章程照行○第三。日本臣民在中國內地購買經工貨件。若自生之物。或將進口商貨運往內地之時。欲暫行存棧。除勿庸輸納稅鈔派徵一切諸費外。得暫租棧房存貨○第四。日本臣民得在中國通商口岸城邑。任便從事各項工藝製造。又得將各項機器任便裝運進口。只交所訂進口稅。日本臣民在中國製造一切貨物。其於內地運送稅。內地稅鈔課雜派。以及在中國內地沾及寄存棧房之益。即照日本臣民運入中國之貨物。一體辦理。至應享優例豁除。亦莫不相同○嗣後如有因以上加讓之事。應增章程規條。即載入本款所稱之行船通商條約內。

第七款　日本軍隊現駐中國境內者。應於本約批准互換之後三個月內撤回。但須照次款所定辦理。

第八款　中國爲保明認眞實行約內所訂條款。聽允日本軍隊暫行佔守山東省威海衛。又於中國將本約所訂第一第二兩次賠款交淸。通商行船約章亦經批准互換之後。中國政府與日本政府確定周全妥善辦法。將通商口岸關稅。作爲剩款並息之抵押。日本可允撤回軍隊。倘中國政府。不卽確定抵押辦法。則未經交淸末次賠款之前。日本應不允撤回軍隊。但通商行船約章未經批准互換以前。雖交淸賠款。日本仍不撤回軍隊。

第九款　本約批准互換之後。兩國應將是時所有俘虜。盡數交還。中國約將由日本所還俘虜。並不加以虐待若或置於罪戾。中國約將認爲軍事間諜。或被嫌逮繫之日本臣民。卽行釋放。併約此次交仗之間所有關涉日本軍隊之中國臣民。概予寬貸。並飭有司不得擅爲逮繫。

第十款　本約批准互換日起。應按兵息戰。

第十一款　本約奉大日本帝國大皇帝陛下。及大淸帝國大皇帝陛下批准之後。定於明治二十八年五月初八日。卽光緖二十一年四月十四日。在煙臺互換。

觀李鴻章此次議和情狀。殆如春秋齊國佐之使於晉。一八七〇年法爹亞士之使於普當戎馬壓境之際。爲忍氣吞聲之言。旁觀猶爲酸心。況鴻章身歷其境者。迴視十年前天津定約時之意氣。殆如昨夢。嗟乎應龍入井。螻蟻困人。老驥在櫪。駑駘目笑。天下氣短之事。孰有過此者耶。當此之際。雖有蘇張之辯。無所用其謀。雖有賁育之力。無所用其勇。舍卑詞乞憐之外。更有何術。或者以和議之速成。爲李鴻章功。固非也。雖無鴻章。日本亦未有不和者也。而或者因是而叢詬於李之一身。以爲是秦檜也。張邦昌也。則盍思使彼輩處李之地位。其結局又將何如矣。要之李之此役。無功焉。亦無罪焉。其外交手段。亦復英雄無用武之地。平心論之。則李之誤國。在前章所列失機之十二事。而此和議。不過其十二事之結果。無庸置論者也。

# 第九章　外交家之李鴻章下

三國代索遼東　中俄密約　李鴻章歷聘歐洲　任外交官時代　膠州之役　旅順大連威海廣州灣九龍之役　李鴻章出總署

十九世紀之末有中東一役猶十八世紀之末有法國革命也法國革命開出十九世紀之歐羅巴中東一役開出二十世紀之亞細亞譬猶紅日將出鷄乃先鳴風雨欲來月乃先暈有識者所能預知也當中日未戰以前歐人與華人之關係不過傳教通商二事及戰後數年間而其關係之緊密視前者驟增數倍至今日則中國之一舉一動皆如與歐人同體相屬欲分而不能分矣此其故由於內治之失政者半由於外交之無謀者亦半君子讀十年來中外交涉史不禁反面掩袖涕涔涔下也

戰事之前中國先求調停於英俄此實導人以干涉之漸也其時日人屢言東方之事願我東方兩國自了之無爲使他國參於其間顧我政府蓄憤已甚不能受也惟欲嗾歐人以力脅日本俄使回言俄必出力然今尚非其時蓋其處心積慮相機以逞固早有成算矣乙未三月李鴻章將使日本先有所商於各國公使俄使喀希尼曰吾俄能以大力拒日本保全中國疆土惟中國必須以軍防上及鐵路交通上之利便以爲報酬李乃與喀希尼私相約束蓋在俄使館密議者數日夜云歐力東漸之機蓋伏於是

當時中國人欲借歐力以拒日者不獨李鴻章而已他人殆有甚焉張之洞時署江督電奏爭和議曰若以賂倭者轉而賂俄所失不及其半卽可轉敗爲勝懇請飭總署及出使大臣與俄國商訂密約如肯助我攻倭脅倭盡廢全約卽酌量畫分新疆之地以酬之許以推廣商務如英肯助我報酬亦同云云當時所謂外交家者

其眼光手段大率類是。可歎。

馬關定約。未及一月。而俄國遂有與德法合議逼日本還我遼東之事。俄人代我取遼。非爲我計。自爲計也。彼其視此地爲己之勢力範圍。匪伊朝夕。故決不欲令日本得鼾睡於其臥榻之側也。故使我以三十兆兩代彼購還遼東於日本之手。先市大恩於我。然後徐收其成。俄人外交手段之巧。眞不可思議。而李鴻章一生誤國之咎。蓋未有大於是者。李鴻章外交之歷史。實失敗之歷史也。

還遼事畢。喀希尼卽欲將前此與李私約者。提出作爲公文。以要求於總署。值物議沸騰。皇上大怒。鴻章罷職。入閣閒居。於是暫緩其請。以待時機。丙申春間。有俄皇加冕之事。各國皆派頭等公使往賀。中國亦循例派遣。以王之春嘗充唁使。故賀使卽便派之。喀希尼乃抗言曰。皇帝加冕。俄國最重之禮也。故從事斯役者。必國中最著名之人。有聲譽於列國者方可。王之春人微言輕。不足當此責。可勝任者。獨李中堂耳。於是乃改派李爲頭等公使。喀希尼復一面賄通太后。甘誘威迫。謂還遼之義舉。必須報酬。請假李鴻章以全權。議論此事。而李鴻章請訓時。太后召見至半日之久。一切聯俄密謀。遂以大定。

李鴻章抵俄京聖彼得堡。遂與俄政府開議。喀希尼所擬草約底稿。及加冕之期已近。往俄舊都墨斯科。遂將議定書畫押。當其開議也。俄人避外國之注目。不與外務大臣開議。而使戶部大臣當其衝。遂於煌煌鉅典萬賓齊集之時。行明修棧道暗度陳倉之計。而此關係地球全局之事。遂不數日而取決於罇俎之間矣。俄人外交手段之剽悍迅疾。眞可羨可畏哉。時丙申四月也。

密約之事。其辦訂極爲祕密。自中俄兩國當事之數人外。幾於無一知者。乃上海字林西報。竟於李鴻章歷聘未歸之時。得其密約原文譯錄以登報上。蓋聞以重金購之於內監云。其全文如下。

大淸國大皇帝前於中日肇釁之後。因奉大俄羅斯國大皇帝仗義各節。並願將兩國邊疆及通商等事。於兩國互有益者。商定妥協。以固格外和好。是以特派大淸國欽命督辦軍務處王大臣爲全權大臣。會同大俄羅斯國欽差出使中國全權大臣一等伯爵喀。在北京商定將中國之東三省火車道接連俄國西卑里亞省之火車道。以冀兩國通商往來迅速。沿海邊防堅固。並議專條以答代索遼東等處之義。

第一條　近因俄國之西卑里亞火車道竣工在卽。中國允准俄國將該火車道一由俄國海參崴埠續造至中國吉林琿春城。又向西北續至吉林省城止。一由俄國境某城之火車站續造至中國黑龍江之愛琿城。又向西北續至齊齊哈爾省城。又至吉林伯都訥地方。又向東南續造至吉林省城止。

第二條　凡續造進中國境內黑龍江及吉林各火車道。均由俄國自行籌備資本。其車道一切章程。亦均依俄國火車章程。中國不得與聞。至其管理之權。亦暫行均歸俄國。以三十年爲期。過期後准由中國籌備資本估價將該火車道並一切火車機器廠房屋等贖回。惟如何贖法。容後再行妥酌。

第三條　中國現有火車路擬自山海關續造至奉天盛京城。由盛京接續至吉林。倘中國日後不便卽時造此鐵路者。准由俄國備資由吉林城代造。以十年爲期贖回。至鐵路應由何路起造。均照中國已勘定之道接續至盛京並牛莊等處地方止。

第四條　中國所擬續造之火車道。自奉天至山海關至牛莊至蓋平至金州至旅順口以及至大連灣等處地方。均應仿照俄國火車道。以期中俄彼此來往通商之便。

第五條　以上俄國自造之火車道所經各地方。應得中國文武官員照常保護。並應優待火車道各站之俄國文武各官以及一切工匠人等。惟由該火車道所經之地大半荒僻。猶恐中國官員不能隨時保護周詳。應准俄國專派馬步各兵數隊駐紮各要站。以期妥護商務。

第六條　自造成各火車道後。兩國彼此運進之貨。其納稅章程。均准同治元年二月初四日中俄陸路通商條約完納。

第七條　黑龍江及吉林長白山等處地方所產五金之礦。向有禁例。不准開挖。自此約定後。准俄國以及本國商民隨時開採。惟須應先行稟報中國地方官具領護照。幷按中國內地礦務條程。方准開挖。

第八條　東三省雖有練軍。惟大半軍營仍係照古制辦理。倘日後中國欲將各省全行改仿西法。准向俄國借請熟悉營務之武員來中國整頓一切。其章程則與兩江所請德國武員條程辦理無異。

第九條　俄國向來在亞細亞洲無周年不凍之海口。一時該洲若有軍務。俄國東海以及太平洋水師諸多不便。不得隨時駛行。今中國因鑒於此。是以情願將山東省之膠州地方暫行租與俄國。以十五年爲限。其俄國所造之營房棧房機器廠船塢等類。准中國於期滿後估價備資買入。但如無軍務之危。俄國不得卽時屯兵據要。以免他國嫌疑。其賃租之款。應得如何辦理。日後另有附條酌議。

第十條　遼東之旅順口以及大連灣等處地方。原係險要之處。中國極應速爲整頓各事。以及修理各礮臺等諸要務。以備不虞。既立此約。則俄國允准將此二處相爲保護。不准他國侵犯。中國則允准將來永不能讓與他國占踞。惟日後如俄國忽有軍務。中國准將旅順口及大連灣等處地方暫行讓與俄國水陸軍營泊屯於此以期俄軍攻守之便。

第十一條　旅順口大連灣等處地方。若俄國無軍務之危。則中國自行管理。與俄國無涉。惟東三省火車道以及開挖五金礦諸務。准於換約後即時便宜施行。俄國文武官員以及商民人等所到之處。中國官員理應格外優待保護。不得阻滯其遊歷各處地方。

第十二條　此約奉兩國御筆批准後。各將條約照行。除旅順口大連灣及膠州諸款外。全行曉諭各地方官遵照。將來換約應在何處。再行酌議。自畫押之日起以六個月爲期。

中俄密約以前爲一局面。中俄密約以後爲一局面。蓋近年以來列國之所以取中國者。全屬新法。一曰借租地方也。二曰某地不許讓與他國也。三曰代造鐵路也。而其端皆自此密約啓之。其第九條借租膠州灣。即後此膠威廣旅大之嚆矢也。其第十條旅順大連不許讓與他人。即各國勢力範圍之濫觴也。而鐵路一端。斷送祖宗發祥之地。速西伯利亞大路之成。開各國覬覦紛爭之漸者。固無論矣。嗚呼。牽一髮動全身。合九州鑄大錯。吾於此舉不能爲李鴻章恕焉矣。

或曰。此約由太后主之。督辦軍務處王大臣贊之。非鴻章本意云。雖然。墨斯科草約定於誰氏之手乎。此固萬無能爲諱者也。自此約原文既登報章後。各國報館電書紛馳。疑信參半。無論政府民間。莫不驚心動色。鴻章遊歷歐洲時。各國交相詰問。惟一味支吾搪塞而已。其年七月。墨斯科畫押之草約達北京。喀希尼直持之以與總署交涉。皇上與總署皆不知有此事。愕怒異常。堅不肯允。喀希尼復賄通太后。甘言法語。誘脅萬端。太后乃嚴責皇上。直命交督辦軍務處速辦。不經由總理衙門。西歷九月三十日。皇上揮淚批准密約。

李鴻章之賀俄加冕也。兼歷聘歐洲。皆不過交際之常儀。若其有關於交涉者。則定密約與議增稅兩事而已。中國舊稅則凡進口貨物值百抽五。此次以賠款之故。欲增至值百抽七五。首商諸俄國。俄允之。次商諸德法。德法云待英國取進止。既至英。與宰相沙士勃雷提議。其時英與中國之感情甚冷落。且以中俄密約之故。深有疑於李鴻章。沙氏乃託言待商諸上海各處商人。辭焉。此事遂無所成。

李之歷聘也。各國待之有加禮。德人尤甚。蓋以爲此行必將大購船礮鎗彈。與夫種種通商之大利。皆於是乎在。及李之去。一無所購。歐人蓋大失望云。李之至德也。訪俾斯麥。其至英也。訪格蘭斯頓。咸相見甚懽。皆十九世紀世界之巨人也。八月鴻章自美洲歸國。九月十八日。奉旨在總理各國事務衙門行走。自茲以訖光緒廿四年戊戌七月。實爲李鴻章專任外交時代。而此時代中。則德據膠州。俄據旅順口大連灣。英據威海衞九龍。法據廣州灣。實中國外交最多事最危險之時代也。

還遼之役。倡之者俄。而贊之者德法也。俄人既結密約。得絕大無限之權利於北方。躊躇滿志。法人亦於光緒廿二年春夏間。得滇緬越間之甌脫地。又得廣西鎭南關至龍州之鐵路。惟德國則寂寂未有所聞。廿三年春。德使向總理衙門索福建之金門島。峻拒不許。至十月而膠州之事起。

是役也。德國之橫逆無道。人人共見。雖然中國外交官。固有不得辭其咎者。夫始而無所倚賴於人。則亦已耳。既有倚賴。則固不得不酬之。能一切不酬。則亦已矣。既酬甲。酬乙。則丙亦宜有以酬之。三國還遼。而惟德向隅。安有不激其憤。而速其變者。不特此也。中俄密約中。聲明將膠州灣借與俄人。是俄人所得權利。不徒在東三省。而直侵入山東也。方今列國競爭優勝劣敗之時。他國能無妬之。是德國所以出此橫逆無道之舉者。亦中國有以逼之使然也。歲十月。曹州教案起。德教士被害者二人。德人聞報。卽日以兵船闖進膠州灣。拔華幟。樹德幟。總兵章高元擄焉。警報達總署。與德使開議。德使海靖惟威嚇恐喝。所有哀乞婉商者。一切拒絕。欲乞援於他國。無一仗義責言爲我訟直者。遷延至兩月有餘。乃將所要挾六事。忍氣吞聲。一一允許。卽將膠澳附近方百里之地。租與德國九十九年。山東全省鐵路礦務。歸德國承辦等事。是也。

膠事方了。旋有一重大之波瀾起焉。初李鴻章之定馬關條約也。約以三年內若能清還。則一概免息。而前者所納之息。亦以還我。又可省威海衞戍兵四年之費。共節省得銀二千三百二十五萬兩。至是三年之期限將滿。政府欲了此公案。議續借款於外國。廿三年十一月。俄人議承借此項。而求在北方諸省設鐵路。及罷斥總稅務司赫德二事。英人聞之。立與對抗。亦欲承借此項。利息較輕。而所要求者。一。監督中國財政。二。自緬甸通鐵路於揚子江畔。三。揚子江一帶不許讓與他國。四。開大連灣爲通商口岸。五。推廣內地商務。六。各通商口岸皆免釐金。時總理衙門欲諾之。俄法兩國忽大反對。謂若借英國款。是破列國均勢之局也。日以强暴之言脅總署。總署之人。不勝其苦。正月。乃回絕各國。一概不借。而與日本商議。欲延期二十年攤還。冀稍紓此急難。不意日本竟不允許。當此之時。山窮水盡。進退無路。乃以赫德之周旋。借匯豐銀行德華銀行款一千六百萬磅。吃虧甚重。僅了此局。

膠州灣本爲中俄密約圈內之地。今德國忽攫諸其懷而奪之。俄人之憤憤。既已甚矣。又遇有英德阻俄借款一事。俄人暴怒益烈。於是光緒二十四年正二月間。俄國索旅順大連灣之事起。李鴻章爲親訂密約之人。欲辦無可辦。欲諉無可諉。卒乃與俄使巴布羅福新結一約。將旅順口大連灣兩處及鄰近相連之海面。租與俄國。以二十五年爲期。幷准俄人築鐵路從營口鴨綠江中間。接至濱海方便之處。

俄人既據旅順大連。英國藉口於均勢之局。遂索威海衛。時日本之賠款方淸。戍兵方退。英人援俄例借租此港。二十五年爲期。其條約一依旅順大連故事。時李鴻章與英使反覆辨難。英使斥之曰。君但訴諸俄使。勿訴諸我。俄使干休。我立干休。李無詞以對焉。狼狽之情。可憫可歎。所承其半點哀憐者。惟約他日中國若重興海軍。可借威海衛泊船之一事而已。

至是而中國割地之舉。殆如司空見慣渾閑事矣。當俄法與英爲借款事衝突也。法人借俄之力。要求廣州灣。將以在南方爲海軍根據地。其時英國方迫我政府開西江一帶通商口岸。將以壟斷利權。法人見事急。乃效德國故智。竟闖入廣州灣。而後議借租之。以九十九年爲期。中國無拒之之力。遂允所請。英國又援均勢之說。請租借九龍以相抵制。其期亦九十九年。定議畫押之前一日。李鴻章與英使竇納樂抗論激烈。李曰。雖租九龍。不得築礮台於其山上。英使憤然拍案曰。無多言。我國之請此地。爲貴國讓廣州灣於法。以危我香港也。若公能廢廣州灣之約。則我之議亦立刻撤回。鴻章吞聲飲淚而已。實光緒二十四年四月十七日也。

至五月間。尚有英俄激爭之一事起。卽蘆漢鐵路與牛莊鐵路事件是也。初盛宣懷承辦蘆漢鐵路。於廿三年三月與比利時某公司訂定借款。約以本年西正月交第一次。及德占膠州後。該公司忽渝前盟。謂非改約則款無所出。盛宣懷與李鴻章張之洞等商。另與結約。而新結之約。不過以比利時公司爲傀儡。而實權全在華俄銀行之手。華俄銀行者。實不啻俄國政府銀行也。以此約之故。而黄河以北之地。將盡入俄國主權之內。而俄人西伯利亞之鐵路。將以彼得堡爲起點。以漢口爲終點矣。英人大妒之。乃提議山海關至牛莊之鐵路歸英國承辦。將以橫斷俄國之線路。俄公使到總署。大爭拒之。英俄兩國。幾於開戰。間不容髮。而皆以中國政府爲擠心。萬種難題。集於外交官數人之身。其時皇上方親裁大政。百廢具舉。深恨李鴻章以聯俄誤國。乃以七月廿四日詔李鴻章毋庸在總理各國事務衙門行走。於時外交之風浪暫息。而李鴻章任外交官之生涯亦終矣。

案義和團時代李鴻章之外交。於第十一章論之。

西人之論曰。李鴻章大手段之外交家也。或曰。李鴻章小狡獪之外交家也。夫手段狡獪。非外交家之惡德。各國並立。生存競爭。惟利是視。故西哲常言個人有道德。而國際無道德。試觀列國之所稱大外交家者。孰不以手段狡獪得名哉。雖然。李鴻章之外交術。在中國誠爲第一流矣。而置之世界。則瞠乎其後也。李鴻章之手段。專以聯某國制某國爲主。而所謂聯者。又非平時而結之。不過臨時而嗾之。蓋有一種戰國策之思想。橫於胸中焉。觀其於法越之役。則欲嗾英德以制法。於中日之役。則欲嗾俄英以制日。於膠州之役。則又欲嗾俄英法以制德。卒之未嘗一收其效。而往往因此之故。所失滋多。膠州旅順大連威海廣州灣九龍之事。不得不謂此政策爲之厲階也。夫天下未有徒恃人而可以自存者。泰西外交家。亦嘗汲汲焉與他國聯盟。然必我有可以自立之道。然後可以致人而不致於人。若今日之中國。而言聯某國聯某國。無論人未必聯我。卽使聯我。亦不啻爲其國之奴隸而已矣。魚肉而已矣。李鴻章豈其未知此耶。吾意其亦知之。而無他道以易之也。要之內治不修。則外交實無可辦之理。以中國今日之國勢。雖才十倍於李鴻章者。其對外之策。固不得不隱忍遷就於一時也。此吾所以深爲李鴻章憐也。雖然。李鴻章於他役。吾未見其能用手段焉。獨中俄密約。則其對日本用手段之結果也。以此手段而造出後此種種之困難。自作之而自受之。吾又何憐哉。

案膠州以後諸役其責任不專在李鴻章蓋恭親王張蔭桓皆總理衙門重要之人與李分任其咎者也讀者不可不知

## 第十章　投閑時代之李鴻章

日本議和後入閣辦事　巡察河工　兩廣總督

自同治元年以迄光緒二十七年凡四十年間李鴻章無一日不在要津其可稱爲閑散時代者則乙未三月至丙申三月間凡一年戊戌八月至庚子八月間凡兩年而已戊己庚之間鴻章奉命治河旋授商務大臣總督兩廣在他人則有最優之差而按之李鴻章一生歷史不得不謂爲投閑也其閑之又閑者爲乙丙之間入閣辦事及戊戌八月至十一月退出總理衙門無可論述至其治河治粵固亦有異於常人者焉附論及之亦作史者之責任也

中國黃河號稱難治數千年政論家皆以之爲一大問題使非以西人治密士失必河之法治之則決不可以斷其害而收其利當戊戌八月以後李鴻章方無可位置於是政府以此役任之此亦可爲河防史上添一段小小公案也今錄其奏議所用比國工程師盧法爾勘河情形原稿如下(略)

李鴻章之督粵也承前督李瀚章譚鍾麟之後百事廢弛已極盜賊縱橫萑苻徧地鴻章至風行雷厲復就地正法之例以峻烈忍酷行之殺戮無算君子病焉然羣盜懾其威名或死或逃地方亦賴以小安而其最流毒於粵人者則賭博承餉一事是也粵中盜風之熾其源實由賭風而來盜未有不賭賭未有不盜鴻章之勸賭也美其

名曰緝捕經費。其意謂以抽賭之金爲治盜之用也。是何異恐民之不爲盜而以是誨之。既誨之而復誅之。君子謂其無人心矣。孟子曰。及陷於罪。然後從而刑之。是罔民也。夫不敎而刑。猶謂罔民。況勸之使入於刑哉。揚湯止沸。拖薪救火。其老而悖耶。不然。何晚節末路。乃爲此壞道德損名譽之業。以遺後人也。或曰。鴻章知賭風之終不可絕。不如因而用之。以救政費之急。夫淫風固未易絕。而未聞官可以設女閭。盜風固未易絕。而未聞官可以設山泊。此等義理。李鴻章未必不知之。知之而復爲之。則謂之全無心肝而已。

鴻章莅粵。擬行警察法於省城。蓋從黃遵憲之議也。業未竟而去。

粵中華洋雜處。良莠不齊。狡黠之徒。常藉入敎爲護符。以魚肉鄉里。而天主敎及其他敎會之牧師。常或袒庇而縱恣之。十年以來。大吏皆闒冗無能。老朽瀕死。畏洋如虎。以故其燄益張。李鴻章到粵。敎民尚欲逞故技以相嘗試。鴻章待其牧師等。一據正理。嚴明權限。不稍假借。經一二次後。無復敢以此行其奸者。噫嘻。以數十年老鍊之外交家。雖當大敵。或不足。然此幺麼者。則誠不足以當其一噓矣。今之地方官。以辦敎案爲畏途者。其亦太可憐耳。

## 第十一章　李鴻章之末路

義和團之起　李鴻章之位置　聯軍和約　中俄滿洲條約　李鴻章薨逝　身後恤典

鴻章之來粵也。蓋朝旨以康黨在海外氣勢日盛。使之從事於鎭壓云。鴻章乃捕繫海外義民之家族三人焉。無罪而孥。騷擾百姓。野蠻政體。莫此爲甚。或曰。非李鴻章之意也。雖然。吾不敢爲諱。

李鴻章最初之授江蘇巡撫也。僅有虛名。不能到任。其最後之授直隸總督也。亦僅有虛名。不能到任。造化小兒。若故爲作弄於其間者然。雖然。今昔之感。使人短氣矣。鴻章蒞粤未一年。而有義和團之事。義和團何自起。戊戌維新之反動力也。初今上皇帝既以新政忤太后。八月之變。六賢被害。羣小競興。而康有爲亡英倫。梁啓超走日本。盈廷頑固黨。本已疾外人如仇讎矣。又不知公法。以爲外國將挾康梁以謀己也。於是怨毒益甚。而北方人民。自天津敎案以至膠州割據以來。憤懣不平之氣。蓄之已久。於是假狐鳴篝火之術。乘間而起。頑固黨以爲可借以達我目的也。利而用之。故義和團實政府與民間之合體也。而其所向之鵠各異。民間全出於公憤而無謀。君子憐之。政府全出於私。悖而不道。普天嫉之。

使其時李鴻章而在直隸也。則此禍或可以不作。或禍作而鴻章先與袁許輩受其難。皆未可知。而天偏不使難之早平。偏不令李之早死。一若特爲李設一位置。使其一生歷史更成一大結果者。至六月以後。聯軍迫京師。於是李鴻章復拜議和全權大臣之命。

當是時。爲李鴻章計者曰。擁兩廣自立。爲亞細亞洲開一新政體。上也。督兵北上。勤王剿拳。以謝萬國。中也。受命入京。投身虎口。行將爲頑固黨所甘心。下也。雖然。第一義者。惟有非常之學識。非常之氣魄。乃能行之。李鴻章非其人也。彼當四十年前。方壯之時。尚且不敢有破格之舉。況八十老翁。安能語此。故爲此言者。非能知李鴻章之爲人也。第二義近似矣。然其時廣東實無一兵可用。且此舉亦涉嫌疑。萬一廷臣與李不相能者。加以稱兵犯闕之名。是騎虎而不能下也。李之衰甚矣。方日思苟且遷就。以保全身名。斯亦非其所能及也。雖然。彼固曾熟審於第三義。而有以自擇。彼知單騎入都之或有意外。故遲遲其行。彼知非破京城後。則和議必不能成。故逗留上海。

數月不發。兩宮既狩和議乃始。此次和議雖不如日本之艱險。而轇轕亦過之。鴻章此際。持以鎮靜。徐爲磋磨。幸各國有厭亂之心。朝廷有悔禍之意。遂於光緒二十七年七月定爲和約十二款如下。

第一款　一大德國欽差男爵克大臣被戕害一事。前於西歷本年六月初九日卽中歷四月二十三日奉諭旨(附件二)親派醇親王載灃爲頭等專使大臣。赴大德國大皇帝前代表大淸國大皇帝暨國家惋惜之意。醇親王已遵旨於西曆本年七月十二日卽中曆五月二十七日自北京起程。　二大淸國國家業已聲明在該處遇害所豎立銘志之碑。與克大臣品位相配。列敍大淸國大皇帝惋惜凶事之旨。書以辣丁德漢各文。前於西曆本年七月二十二日卽中曆六月初七日經大淸國欽差全權大臣文致大德國欽差全權大臣(附件三)現於遇害處所建立碑坊一座。足滿街衢。已於西曆本年六月二十五日卽中曆五月初十日興工。

第二款　一懲辦傷害諸國國家及人民之首禍諸臣。將西曆本年二月十三二十一等日卽中曆上年十二月二十五日本年正月初三等日。先後降旨所定罪名開列於後(附件四五六)端郡王載漪。輔國公載瀾。均定斬監候罪名。又約定如皇上以爲應加恩貸其一死。卽發往新疆永遠監禁。永不減免。莊親王載勛。都察院左都御史英年。刑部尙書趙舒翹。均定爲賜令自盡。山西巡撫毓賢。禮部尙書啓秀。刑部左侍郞徐承煜。均定爲卽行正法。協辦大學士吏部尙書剛毅。大學士徐桐。前四川總督李秉衡。均已身死。追奪原官。卽行革職。又兵部尙書徐用儀。戶部尙書立山。吏部左侍郞許景澄。內閣學士兼禮部侍郞銜聯元。太常寺卿袁昶。因上年力駁殊悖諸國義法極惡之罪被害。於西曆本年二月十三日即中曆上年十二月二十五日奉上諭開復原官以示昭雪。（附件七）莊親王載勛已於西曆本年二月二十一日即中曆正月初三日英年趙舒翹已於二十四日即初六日均自盡。毓賢已於念二日即初四日啓秀徐承煜於念六日即初八日均正法。又西曆本年二月十三日即中曆上年十二月念五日上諭將甘肅提督董福祥革職。俟應得罪名定讞懲辦。西曆本年四月念九日六月初三□月□□等日即中曆三月十一四月十七□月□□等日先後降旨將上年夏間兇慘案內所有承認獲咎之各外省官員分別懲辦。　二上諭將諸國人民遇害被虐之城鎮停止文武各等考試五年。（附件八）

第三款　因大日本國使館書記生杉山彬被害。大清國大皇帝從優榮之典。已於西曆本年六月十八日即中曆五月初三日降旨簡派戶部侍郎那桐爲專使大臣。赴大日本國大皇帝前代表大清國大皇帝及國家惋惜之意。（附件九）

第四款　大淸國國家允定在於諸國被汚瀆及挖掘各墳墓建立滌垢雪侮之碑。已與諸國全權大臣會同商定。其碑由各該國使館督建。並由中國國家付給估算各費銀兩。京師一帶。每處一萬兩。外省每處五千兩。此項銀兩業已付清。茲將建碑之墳墓開列清單附後。（附件十）

第五款　大清國國家允定不准將軍火暨專爲製造軍火各種器料運入中國境內。已於西曆一千九百一年八月十七日即中曆本年七月初四日降旨禁止進口二年。嗣後如諸國以爲有仍應續禁之處。亦可降旨將二年之限續展。（附件十一）

第六款　上諭大清國大皇帝允定付諸國償款海關銀四百五十兆兩。此款係西曆一千九百年十二月二十二日卽中曆光緒二十六年十一月初一日條款內第二款所載之各國各會各人及中國人民之賠償總數。（附件十二）（甲）此四百五十兆係海關銀兩照市價易爲金款。此市價按諸國各金錢之價易金如左。　海關銀一兩卽德國三馬克零五五。卽奧國三克勒尼五九五。卽美國圓零七四二。卽法國三佛郎克五。卽英國三先零。卽日本一圓四零七。卽荷蘭國一弗樂零七九六。卽俄國一魯布四一二。俄國魯布按金平算卽十七多理亞四二四。此四百五十兆按年息四釐正本由中國分三十九年按後附之表各章清還。（附件十三）本息用金付給或按應還日期之市價易金付給。還本於一千九百零二年正月初一日起至千九百四十年終止。還本各款應按每屆一年付還。初次定於一千九百零一年正月初一日付還。利息由一千九百零一年七月初一日起算。惟中國國家亦可將所欠首六個月至一千九百零一年十二月三十一日之息展在自一千九百零二年正月初一日起於三年內付還。但所展息款之利亦應按年四釐付清。又利息每屆六個月付給。初次定於一千九百零二年七月初一日付給。（乙）此欠款一切事宜均在上海辦理。如後諸國各派銀行董事一名會同將所有由該管之中國官員付給之本利總數收存。分給有干涉者。該銀行出付回執。（丙）中國國家將全數保票一紙交駐京諸國欽差領銜手內。此保票以後分作零票每票上各由中國特派之官員畫押。此節以及發票一切事宜應由以上所述之銀行董事各遵本國飭令而行。（丁）付還保票財源各進款應每月給銀行董事收存。（戊）所定承擔保票之財源開列於後　一新關各進款俟前已作爲擔保之借款各本利付給之後餘剩者。又進口貨稅增至切實值百抽五。將所增之數加之。所有向例進口免稅各貨。除外國運來之米及各雜色糧麪並金銀以及金銀各錢外。均應列入切實値百抽五貨內。二所有常關各進款。在各通商口岸之常關。均歸新關管理。三所有鹽政各進項。除歸還泰西借款一宗外。餘剩一併歸入。至進口貨稅增至切實値百抽五。諸國現允可行。惟須二端。一將現在照估價抽收進口各稅。凡能改者皆當急速改爲按件抽稅幾何。改辦一層如後。以爲估算貨價之基。應以一千八百九十七八九三年卸貨時各貨牽算價値。乃開除進口及雜貨總數之市價。其未改以前。各該稅仍照估價征收。二北河黃浦兩水路均應改善。中國國家亦應撥款相助。至增稅一層。俟此條款畫押兩個月後。即行開辦。除在此畫押日期後至遲十日已在途間之貨外。概不得免抽。

第七款　大淸國國家允定各使館境界以爲專與住用之處。並獨由使館管理。中國民人。概不准在界內居住。亦可自行防守。使館界線於附件之圖上標明如後。（附件十四）東面之線係崇文門大街。圖上十十一十二等字。北面圖上係五六七八九十等字之線。西面圖上係一二三四五等字之線。南面圖上係十二一等字之線。此線循城牆南址隨城垛而畫。按照西曆一千九百零一年正月十六日卽中曆上年十一月二十六日文內後附之條。中國國家應允諸國分應自主常留兵隊分保使館。

第八款　大淸國國家應允將大沽礮台及有礙京師至海通道之各炮台一律削平。現已設法照辦。

第九款　按照西曆一千九百零一年正月十六日卽中曆上年十一月二十六日文內後附之條款。中國國家應允由諸國分應主辦會同酌定數處留兵駐守。以保京師至海通道無斷絕之處。今諸國駐防之處係黃村郎坊楊村天津軍糧城塘沽蘆台唐山灤州昌黎秦王島山海關。

第十款　大淸國國家允定兩年之久。在各府廳州縣將以後所述之上諭頒行布告。　一西曆本年二月初一日卽中曆上年十二月十三日上諭以永禁或設或入與諸國仇敵之會違者皆斬。(附件十五)　二西曆本年口月口口日卽中曆口月口口日上諭一道犯罪之人如何懲辦之處均一一載明。　三西曆本年口月口口日卽中曆口月口口日上諭以諸國人民遇害被虐各城鎭停止文武各等考試。　四西曆本年二月初一日卽中曆上年十二月十三日上諭各省撫督文武大吏暨有司各官於所屬境內均有保平安之責。如復滋傷害諸國人民之事。或再有違約之行。必須立時彈壓懲辦。否則該管之員卽行革職。永不敍用。亦不得開脫別給獎敍。(附件十六)以上諭旨現於中國全境漸次張貼。

第十一款　大淸國國家允定將通商行船各條約內諸國視爲應行商改之處。及有關通商各地事宜。均行議商。以期妥善簡易。按照第六款賠償事宜約定中國國家應允襄辦改善北河黃浦兩水路。其襄辦各節如左。　一北河改善河道。在一千八百九十八年會同中國國家所興各工。盡由諸國派員興修。　一俟治理天津事務交還之後。卽可由中國國家派員與諸國所派之員會辦。中國國家應付海關銀每年六萬以養其工。　一現設立黃浦河道局。經管整理改善水道各工。所派該局各員均代中國及諸國保守在滬所有通商之利益。預估後二十年該局各工及經管各費應每年支用海關銀四十六萬兩。此數平分半由中國國家付給。半由外國各干涉者出資。該局員差並權責進款之詳細各節皆於後附文件內列明。(附件十七)

第十二款　西曆本年七月二十四日卽中國六月初九日降旨將總理各國事務衙門按照諸國酌定改爲

外務部。班列六部之前。此上諭內已簡派外務部各王大臣矣。（附件十八）且變通諸國欽差大臣覲見禮節。均已商定由中國全權大臣屢次照會在案。此照會在後附之節略內述明。（附件十九）
茲特爲議明以上所述各語及後附諸國全權大臣所發之文牘。均係以法文爲憑。大淸國國家既如此按以上所述西曆一千九百年十二月二十二日。卽中曆光緒二十六年十一月初一日文內各款。足適諸國之意妥辦。則中國願將一千九百年夏間變亂所生之局勢完結。諸國亦照允隨行。是以諸國全權大臣奉各本國政府之命代爲聲明。除第七款所述之防守使館兵隊外。諸國兵隊卽於西曆一千九百零一年□月□□日卽中曆□月□□日全由京城撤退。並除第九款所述各處外。亦於西曆一千九百零一年□月□□日卽中曆□□年□月□□日由直隸省撤退。今將以上條款繕定同文十二分。均由諸國全權大臣畫押。諸國全權大臣各存一分。中國全權大臣收存一分。
聯軍和約既定。尙有一事。爲李鴻章未了之債者。則俄人滿洲事件是也。初中俄密約所訂。俄人有自派兵隊保護東方鐵路之權。至是義和團起。兩國疆場之間有違言焉。俄人卽藉端起釁。掠吉林黑龍江之地。達於營口北京方有聯軍之難。莫能問也。及和議開。俄人堅持此事歸中俄兩國另議。與都中事別爲一談。不得已許之。及列國和約定。然後滿洲之問題起。李鴻章其爲畏俄乎。爲親俄乎。抑別有不得已者乎。雖不可知。然其初議之約實不啻以東三省全置俄國勢力範圍之下。昭昭然也。今錄其文如下。
第一條　俄國交還滿洲於中國。行政之事。照舊辦理。
第二條　俄國留兵保護滿洲鐵路。俟地方平靜後。並本條約之樞要四條一槪履行後。始可撤兵。

第三條　若有事變。俄國將此兵助中國鎭壓。

第四條　若中國（疑指滿洲鐵路）鐵路未開通之間中國不能駐兵於滿洲。卽他日或可駐兵。其數目亦須與俄國協定。且禁止輸入兵器於滿洲。

第五條　若地方大官處置各事。不得其宜。則須由俄國所請。將此官革職。滿洲之巡察兵。須與俄國相商定其人數。不得用外國人。

第六條　滿洲蒙古之陸軍海軍。不得聘請外國人訓練。

第七條　中國宜將在旅順口之北金州之自主權拋棄之。

第八條　滿洲蒙古新疆伊犂等處之鐵路鑛山及其他之利益。非得俄國許可。則不得讓與他國。或中國自爲之。必亦須經俄國允許。牛莊以外之地。不得租借與他國。

第九條　俄國所有之軍事費用。一切皆由中國支出。

第十條　若滿洲鐵路公司有何損害。須中國政府與該公司議定。

第十一條　現在所損害之物。中國宜爲賠償。或以全部利益。或以一部利益。以爲擔保。

第十二條　許中國由滿洲鐵路之支路修一鐵路以達北京。

此草約一布。南省疆吏士民。激昻殊甚。咸飛電阻止。或開演說會。聯名抗爭。而英美日各國。亦復騰其口舌。勢將干涉。俄使不得已。自允讓步。經數月。然後改前約數事如左。

第一條　同

第二條　同

第三條　同

第四條　中國雖得置兵於滿洲。其兵丁多寡。與俄國協議。俄國協定多少。中國不得反對。然仍不得輸入兵器於滿洲。

第五條　同

第六條　删

第七條　删

第八條　在滿洲企圖開礦山修鐵路及其他何等之利益者。中國非與俄國協議。則不許將此等利益許他國臣民爲之。

第九條　同

第十條　同　并追加此乃駐紮北京之各國公使協議。而爲各國所採用之方法字樣。

第十一條　同

第十二條　中國得由滿洲鐵路之支路。修一鐵路至直隸疆界之長城而止。

至是而李鴻章病且殆矣。鴻章以八十高年。久經患難。今當垂暮。復遭此變。憂鬱積勞。已乖常度。本年以來。肝疾增劇。時有盛怒。或如病狂。及加以俄使助天爲虐。恫喝催促於邑。難堪及聞徐壽朋之死。拊心嘔血。遂以大漸。以光緒二十七年九月廿七日薨於京師之賢良寺。聞薨之前一點鐘。俄使尚來催促畫押云。卒之此約未定。今以付諸慶親王王文韶。臨終未嘗口及家事。惟切齒曰。可恨毓賢誤國至此。旣而又長吁曰。兩宮不肯回鑾。遂瞑焉長逝。享年七十八歲。行在政府得電報。深宮震悼。翌日奉上諭

朕欽奉懿旨。大學士一等肅毅伯直隸總督李鴻章。器識淵深。才猷宏遠。由翰林倡率淮軍。戡平髮捻諸匪。厥功甚偉。朝廷特沛殊恩。晉封伯爵。翊贊綸扉。復命總督直隸兼充北洋大臣。匡濟艱難。輯和中外。老成謀國。具有深衷。去年京師之變。特派該大學士爲全權大臣。與各國使臣妥定和約。悉合機宜。方冀大局全定。榮膺懋賞。遽聞溘逝。震悼良深。李鴻章著先行加恩照大學士例賜卹。賞給陀羅經被。派恭親王溥偉帶領侍衞十員前往奠醊。予諡文忠。追贈太傅。晉封一等侯爵。入祀賢良祠。以示篤念藎臣至意。其餘飾終之典。再行降旨。欽此。

其後復賞銀五千兩治喪。賞其子李經述以四品京堂。承襲一等侯爵。李經邁以京堂候補。其餘子孫。優賞有差。賜祭兩壇。又命於原籍及立功省分及京師建立專祠。地方官歲時致祭。列入祀典。朝廷所以報其勳者。亦至矣。

而此一代風雲人物。竟隨北洋艦隊津防練勇。同長辭此世界。此國民吾聞報之日。成一挽聯云

太息斯人去。蕭條徐泗空。莽莽長淮。起陸龍蛇安在也。

回首山河非。只有夕陽好。哀哀浩劫。歸遼神鶴竟何之。

# 第十二章　結論

李鴻章與古今東西人物比較　李鴻章之軼事　李鴻章之人物

李鴻章必爲數千年中國歷史上一人物。無可疑也。李鴻章必爲十九世紀世界史上一人物。無可疑也。雖然。其人物之位置果何等乎。其與中外人物比較果有若何之價值乎。試一一論列之。

第一李鴻章與霍光。　史家評霍光曰不學無術。吾評李鴻章亦曰不學無術。然則李鴻章與霍光果同流乎。曰李鴻章無霍光之權位。無霍光之魄力。李鴻章謹守範圍之人也。非能因於時勢。行吾心之所安。而有非常之舉動者也。其一生不能大行其志者以此。安足語霍光。雖然。其於普通學問或稍過之。

第二李鴻章與諸葛亮。　李鴻章忠臣也。儒臣也。兵家也。政治家也。外交家也。中國三代以後。具此五資格。而永爲百世所欽者。莫如諸葛武侯。李鴻章所憑藉。過於諸葛。而得君不及之。其初起於上海也。僅以區區三城。而能奏大功於江南。創業之艱。亦略相類。後此用兵之成就。又遠過之矣。然諸葛治崎嶇之蜀。能使士不懷奸。民咸自厲。而李鴻章數十年重臣。不能輯和國民。使爲己用。諸葛之卒。僅有成都桑八百株。而鴻章以豪富聞於天下。相去何如耶。至其鞠躬盡瘁。死而後已。犬馬戀主之誠。亦或彷彿之。

第三李鴻章與郭子儀　李鴻章中興靖亂之功。頗類郭汾陽。其福命亦不相上下。然汾陽於定難以外。更無他事。鴻章則兵事生涯。不過其終身事業之一部分耳。使易地以處。汾陽未必有以過合肥也。

第四李鴻章與王安石。　王荊公以新法爲世所詬病。李鴻章以洋務爲世所詬病。荊公之新法與鴻章之洋務。雖皆非完善政策。然其識見規模。決非詬之者之所能及也。號稱賢士大夫者。莫肯相助。且羣焉閧之。掣其肘而議其後。彼乃不得不用僉壬之人以自佐。安石鴻章之所處同也。然安石得君旣專。其布畫之兢兢於民事。局面宏遠。有過於鴻章者。

第五李鴻章與秦檜　中國俗儒罵李鴻章爲秦檜者最多焉法越中日兩役間此論極盛矣出於市井野人之口猶可言也士君子而爲此言吾無以名之名之曰狂吠而已

第六李鴻章與曾國藩　李鴻章之於曾國藩猶管仲之鮑叔韓信之蕭何也不寧惟是其一生之學行見識事業無一不由國藩提撕之而玉成之故鴻章實曾文正肘下之一人物也曾非李所及世人既有定評雖然曾文正儒者也使以當外交之衝其術智機警或視李不如未可知也又文正深守知止知足之戒常以急流勇退爲心而李則血氣甚强無論若何大難皆挺然以一身當之未曾有畏難退避之色是亦其特長也

第七李鴻章與左宗棠　左李齊名於時然左以發揚勝李以忍耐勝語其器量則李殆非左所能及也湘人之虛憍者嘗欲奉左爲守舊黨魁以與李抗其實兩人洋務之見識不相上下左固非能守舊李亦非能維新也左文襄幸早逝十餘年故得保其時俗之名而以此後之艱鉅謗訢盡附於李之一身文襄福命亦云高矣

第八李鴻章與李秀成　二李皆近世之人豪也秀成忠於本族鴻章忠於本朝一封忠王一謚文忠皆可以當之而無愧焉秀成之用兵之政治之外交皆不讓李鴻章其一敗一成則天也故吾求諸近世欲以兩人合傳而毫無遺憾者其惟二李乎然秀成不殺趙景賢禮葬王有齡鴻章乃紿八王而駢戮之此事蓋猶有慙德矣

第九李鴻章與張之洞　十年以來與李齊名者則張之洞也雖然張何足以望李之肩背李鴻章實踐之人也張之洞浮華之人也李鴻章最不好名張之洞最好名不好名故肯任勞怨好名故常趨巧利之洞於交涉事件著著與鴻章爲難要其所晝之策無一非能言不能行鴻章嘗語人云不圖香濤作官數十年仍是書生之見此一語可以盡其平生矣至其虛憍狹隘殘忍苛察較之李鴻章之有常識有大量尤相去霄壤也

第十。李鴻章與袁世凱。今後承李鴻章之遺產者。厥惟袁世凱。世凱鴻章所豢養之人也。方在壯年。初膺大任。其所表見蓋未著。今難懸斷焉。但其人功名心重。其有氣魄敢爲破格之舉。視李鴻章或有過之。至其心術如何。其毅力如何。則非今之所能言也。而今日羣僚中。其資望才具可以繼鴻章之後者。舍袁殆難其人也。

第十一。李鴻章與梅特涅。墺宰相梅特涅。Metternich 十九世紀第一大奸雄也。凡當國四十年。專出其狡獪之外交手段。外之以指揮全歐。內之以壓制民黨。十九世紀前半紀。歐洲大陸之腐敗。實此人之罪居多。或謂李鴻章殆幾似之。雖然。鴻章之心術。不如梅特涅之險。其才調亦不如梅特涅之雄。梅特涅知民權之利而壓之。李鴻章不知民權之利而置之。梅特涅外交政策。能操縱羣雄。李鴻章外交政策。不能安頓一朝鮮。此其所以不倫也。

第十二。李鴻章與俾士麥。或有稱李鴻章爲東方俾士麥者。雖然。非諛詞則妄言耳。李鴻章何足以望俾士麥。以兵事論。俾士麥所勝者敵國也。李鴻章所夷者同胞也。以內政論。俾士麥能合向來散漫之列國而爲一大聯邦。李鴻章乃使龎然碩大之支那降爲二等國。以外交論。俾士麥聯奧意而使爲我用。李鴻章聯俄而反墮彼謀。三者相較。其霄壤何如也。此非以成敗論人也。李鴻章之學問智術膽力。無一能如俾士麥者。其成就之不能如彼。實優勝劣敗之公例然也。雖李之際遇或不及俾。至其憑藉則有過之。人各有所難。非勝其難。則不足爲英雄。李自訴其所處之難。而不知俾亦有俾之難。非李所能喻也。使二人易地以居。吾知其成敗之數亦若是已耳。故持東李西俾之論者。是重誣二人也。

第十三。李鴻章與格蘭斯頓。或又以李俾格並稱三雄。此殆以其當國之久位望之尊言之耳。李與格固無一相類者。格之所長。專在內治。專在民政。而軍事與外交。非其得意之業也。格蘭斯頓。有道之士也。民政國人物之圭臬也。李鴻章者。功名之士也。東方之人物也。十八世紀以前之英雄也。二者相去蓋遠甚矣。

第十四李鴻章與爹亞士　法總統爹亞士Thiers 巴黎城下盟時之議和全權也。其當時所處之地位。恰與李鴻章乙未庚子間相彷彿。存亡危急。忍氣吞聲。誠人情所最難堪哉。但爹亞士不過偶一爲之。李鴻章則至再至三焉。爹亞士所當者只一國。李鴻章則數國。其遇更可悲矣。然爹亞士於議和後。能以一場之演說。使五千兆佛郎。立集而有餘。而法蘭西不十年。依然成爲歐洲第一等强國。若李鴻章則爲償款所困。補救無術。而中國之淪危。且日甚一日。其兩國人民愛國心之有差率耶。抑用之者不得其道也。

第十五李鴻章與井伊直弼　日本大將軍柄政時。有幕府重臣井伊直弼者。當內治外交之衝。深察時勢。知閉關絕市之不可。因與歐美各國結盟。且汲汲然欲師所長以自立。而當時民間尊王攘夷之論方盛。井伊以强力鎮壓之。以效忠於幕府。於是舉國怨毒。集彼一身。卒被壯士刺殺於櫻田門外。而日本維新之運。乃興。井伊者。明治政府之大敵。亦明治政府之功臣也。其才可敬。其遇可憐。日人至今皆爲訟冤。李鴻章之境遇。殆略似之。然困難又較井伊萬萬也。井伊橫死。而鴻章哀榮。其福命則此優於彼焉。然而日本興矣。然而中國如故也。

第十六李鴻章與伊藤博文　李鴻章與日相伊藤。中日戰役之兩雄也。以成敗論。自當右伊而左李。雖然。伊非李之匹也。日人常評伊藤爲際遇最好之人。其言蓋當。彼當日本維新之初。本未嘗有大功。其櫛風沐雨之閱歷。既輸一籌。故伊藤之輕重於日本。不如鴻章之輕重於中國。使易地以處。吾恐其不相及也。雖然。伊有優於李者一事焉。則曾游學歐洲。知政治之本原是也。此伊所以能制定憲法。爲日本長治久安之計。李鴻章則惟彌縫補苴畫虎效顰。而終無成就也。但日本之學如伊藤者。其同輩中不下百數。中國之才如鴻章者。其同輩中不得一人。則又不能專爲李咎者也。

李鴻章之治事也。案無留牘。門無留賓。蓋其規模一做曾文正云。其起居飲食。皆立一定時刻。甚有西人之風。其重紀律嚴自治。中國人罕有能及之者。

不論冬夏。五點鐘卽起。有家藏一宋搨蘭亭。每晨必臨摹一百字。其臨本從不示人。此蓋養心自律之一法。曾文正每日在軍中。必圍棋一局。亦是此意。

每日午飯後。必晝寢一點鐘。從不失時。其在總理衙門時。每晝寢將起。欠伸一聲。卽伸一足。穿靴。伸一手。穿袍服。役人一刻不許遲誤云。

養生一用西醫法。每膳供雙雞之精汁。朝朝經侍醫診驗。常上電氣。

戈登嘗訪李鴻章於天津。句留數月。其時俄國以伊犂之役。頗事威嚇。將有決裂之勢。鴻章以詢戈登。戈登曰。中國今日如此情形。終不可以立於往後之世界。除非君自取之。握全權以大加整頓耳。君如有意。僕當執鞭效犬馬之勞。鴻章瞿然改容。舌撟而不能言。

李鴻章接人。常帶傲慢輕侮之色。俯視一切。揶揄弄之。惟事曾文正如嚴父。執禮之恭。有不知其然而然者。

李鴻章與外國人交涉。尤輕侮之。其意殆視之如一市儈。謂彼輩皆以利來。我亦持籌握算。惟利是視耳。崇拜西人之劣根性。鴻章所無也。

李鴻章於外國人中。所最敬愛者。惟兩人。一曰戈登。一曰美國將軍格蘭德。蓋南北美之戰。立大功者也。格蘭德遊歷至津。李鴻章待以殊禮。此後接見美國公使。輒問詢其起居。及歷聘泰西時。過美國。聞美人爲格蘭德立紀功碑。卽賻千金以表敬慕之情。

李鴻章之治事最精覈。每遇一問題。必再三盤詰。毫無假借。不輕然諾。既諾則必踐之。實言行一致之人也。

李鴻章之在歐洲也。屢問人之年及其家產幾何。隨員或請曰。此西人所最忌也。宜勿爾。鴻章不恤。蓋其眼中直無歐人。一切玩之於股掌之上而已。最可笑者。嘗遊英國某大工廠。觀畢後。忽發一奇問。問於其工頭曰。君統領如許大之工場。一年所入幾何。工頭曰。薪水之外無他入。李徐指其鑽石指環曰。然則此鑽石從何來。歐人傳爲奇談。

世人競傳李鴻章富甲天下。此其事殆不足信。大約數百萬金之產業。意中事也。招商局電報局開平煤礦中國通商銀行。其股份皆不少。或言南京上海各地之當鋪銀號。多屬其管業云。

李鴻章之在京師也。常居賢良寺。蓋曾文正平江南後。初次入都陛見。卽僦居於此。此後遂以爲常云。將來此寺當爲春明夢餘錄添一故實矣。

李鴻章生平最遺恨者一事。曰未嘗掌文衡。戊戌會試時在京師。謂必得之。卒不獲。雖朝殿閱卷大臣。亦未嘗一次派及。李頗怏怏云。以蓋代勳名。而戀戀於此物。可見科舉之毒入人深矣。

以上數條。不過偶所觸及。拉雜記之。以觀其人物之一斑而已。著者與李鴻章相交既不深。不能多識其遺聞軼事。又以無關大體。載不勝載。故從缺如。然則李鴻章果何等之人物乎。吾欲以兩言論斷之曰。不學無術。不敢破格。是其所短也。不避勞苦。不畏謗言。是其所長也。嗚呼。李鴻章往矣。而天下多難。將更有甚於李鴻章時代者。後之君子。何以待之。

吾讀日本報章有德富蘇峯著論一篇。其品評李鴻章有獨到之點。茲譯錄如下。

支那之名人物李鴻章逝。東洋之政局。自此不免有寂寞。不獨爲清廷起喬彫柱折之感而已。

概而言之。謂李鴻章人物之偉大事功之崇隆。不如謂其福命之過人也。彼早歲得科第。入詞館。占清貴名譽之地位。際長髮之亂。爲曾國藩幕僚。任淮軍統帥。賴戈登之力以平定江蘇。及其平捻也。亦稟承曾國藩之遺策。成大功。及爲直隸總督。辦天津教案。正當要挾狼狽之際。忽遇普法戰起。法英俄美皆奔走喘息於西歐大事。而此教案遂銷沈於無聲無影之間。邇來二十有五年。彼總制北洋。開府天津。綜支那之大政。立世界之舞臺。此實彼之全盛時代也。

雖然。彼之地位。彼之勢力。非悉以僥倖而得之者。彼在支那文武百僚中。確有超卓之眼孔。敏捷之手腕。而非他人之所能及也。彼知西來之大勢。識外國之文明。思利用之以自強。此種眼光。雖先輩曾國藩。恐亦讓彼一步。而左宗棠曾國荃更無論也。

彼屯練淮軍於天津。教以洋操。與北洋水師。設防於旅順威海大沽。開招商局。以便沿海河川之交通。置機器局。製造兵器。辦開平煤礦。倡議設鐵路。自軍事商務工業。無一不留意。雖其議之發自彼與否。暫勿論。其權全在彼與否。暫勿論。其辦理之有成效與否。暫勿論。然要之導清國使前進。以至今日之地位者。誰乎。固不得不首屈一指曰李鴻章也。

世界之人。殆知有李鴻章。不復知有北京朝廷。雖然。北京朝廷之於彼。必非深親信者。不寧惟是。且常以猜疑憎嫉之眼待之。不過因外部之壓迫。排難解紛。非彼莫能。故不得已而用之耳。況各省督撫。滿廷羣僚。其不釋然於彼者所在皆是。蓋雖其全盛時代。而其在內之勢力固已甚微薄。而非如對外之有無限權力無限光榮也。

中日之役。是彼一生命運之轉潮也。彼果自初蓄意以主戰乎。不能深知之。但觀其當事機將決裂之際。忽與俄使喀希尼商請其干涉弭兵。則其始之派兵於朝鮮。或欲用威脅手段不戰而屈日本。亦未可知。大抵彼自視過高。視中國過大。而料敵情頗有不審者。彼蓋未知東亞局面之大勢。算有遺策。不能爲諱也。一言蔽之。則中日之役。實彼平生之孤注一擲也。而此一擲不中。遂至積年之勞績聲名。掃地幾盡。

尋常人遭此失意。其不以憂憤死者幾希。雖然。彼以七十三歲之高齡。內則受重譴於朝廷。外則任支持於殘局。挺出以任議和之事。不幸爲兇客所狙。猶能從容不辱其命。更與櫬赴俄國賀俄皇加冕。遊歷歐美。於前事若無一毫介意者。彼之不可及者在於是。

彼之末路。蕭條甚矣。彼之前半生。甚親英國。其後半生。最親俄國。故英人目彼爲鬻身於俄廷。以吾論之。彼之親俄也。以其可畏乎。以其可信乎。吾不得而知之。要之。彼認俄國爲東方最有勢力之國。寧賂關外之地。託庇於其勢力之下。以苟安於一時。此其大原因也。彼之中俄密約滿洲條約等事。或視之與秦檜之事金同爲賣國賊臣。此其論未免過酷。蓋彼之此舉。乃利害得失之問題。非正邪善惡之問題也。

彼自退出總理衙門後。或任治河而遠出於山東。或任商務而僻駐於兩廣。直至義和團事起。乃復任直隸總督。與慶王同任議和全權。事方定。而溘然長逝。此實可稱悲慘之末路。而不可謂恥辱之末路也。何也。彼其雄心至死未消磨盡也。

使彼而卒於中日戰事以前。則彼為十九世紀之一偉人。作世界史者必大書特書而無容疑也。彼其容貌堂堂。其辭令巧善。機鋒銳敏。縱擒自由。使人一見而知為偉人。雖然。彼之血管中。曾有一點英雄之血液否乎。此吾所不敢斷言也。彼非如格蘭斯頓有道義的高情。彼非如俾士麥有倔强的男性。彼非如康必達有愛國的熱火。彼非如西鄉隆盛有推心置腹的至誠。至其經世之識量。亦未有能令我感服而不能已者。要而論之。彼非能為鼓吹他人崇拜英雄心之偶像也。

雖然。彼之大橫著。有使人驚嘆者。彼支那人也。彼大支那人也。彼無論如何之事。不驚其魂。不惱其心。彼能忍人所不能忍。無論若何失望之事。視之如浮雲過空。雖其內心或不能無懊惱乎。無悔恨乎。然其痕跡。從何處求之。見之不覩乎鐵血宰相俾士麥乎。一旦失意退隱。其胸中瞋恚之火。直噴出如燄。而李鴻章則於其身上之事。若曾無足以挂其慮者。然其容忍力之偉大。吾人所尊敬膜拜而不能措者也。

若使彼如諸葛孔明之為人。則決無可以久生於此世界之理。何也。彼一生之歷史。實支那帝國衰亡史也。如剝筍皮。一日緊一日。與彼同時代之人物。彫落殆盡。彼之一生。以前光後暗而終焉。而彼之處此。曾不以擾動其心。或曰彼殆無腦筋之人也。雖然。天下人能如彼之無腦筋者有幾乎。無腦筋之絕技。一至此。寧非可嘆賞者耶。

陸奧宗光嘗評彼曰。謂彼有豪膽。有逸才。有決斷力。寧謂彼為伶俐有奇智。妙察事機之利害得失也。此言殆可謂鐵案不移。雖然。彼從不畏避責任。是彼之不可及也。此其所以數十年為清廷最要之人。瀕死而猶有絕大關係。負中外之望也。或曰。彼自視如無責任。故雖如何重大之責任。皆當之而不辭。然此之一事。則亦彼之所以爲大也。

彼可謂支那人之代表人也。彼純然如涼血類動物。支那人之性也。彼其事大主義。支那人之性也。其容忍力之强。支那人之性也。其硬腦硬面皮。支那人之性也。其詞令巧妙。支那人之性也。其狡猾有城府。支那人之性也。其自信自大。支那人之性也。彼無管仲之經世的識量。彼無孔明之治國的誠實。雖然。彼非如王安石之學究。彼其以逸待勞。機智縱橫。虛心平氣。百般之艱危糾紛。能從容以排解之。舍勝海舟外。殆未見有其比也。

以上之論。確能摹寫李鴻章人物之眞相。而無所遺。褒之不過其當。貶之不溢其短。吾可無復贊一辭矣。至其以李鴻章爲我國人物之代表。則吾四萬萬人不可不深自反也。吾昔爲飲冰室自由書。有「二十世紀之新鬼」一篇。今擇其論李鴻章者。附錄於下。

嗚呼。若星氏格氏。可不謂曠世之豪傑也哉。此五人者（指域多利亞星亨格里士比麥堅尼李鴻章）於其國皆有絕大之關係。除域多利亞爲立憲政府國之君主。君主無責任。不必論斷外。若格里士比。若麥堅尼。皆使其國一新焉。若星亨則欲新之而未能竟其志者也。以此論之。則李鴻章之視彼三人。有慚德矣。李鴻章每自解曰。吾被舉國所掣肘。有志焉而未逮也。斯固然也。雖然。以視星亨格里士比之冒萬險忍萬辱排萬難以卒達其目的者何如。夫眞英雄恆不假他之勢力。而常能自造勢力。彼星氏格氏之勢力。皆自造者也。若李鴻章則安富尊榮於一政府之下而已。苟其以强國利民爲志也。豈有以四十年之勳臣耆宿。而不能結民望以戰勝舊黨者。惜哉李鴻章之學識不能爲星亨。其熱誠不能爲格里士比。所憑藉者十倍於彼等。而所成就乃遠出彼等下也。質而言之。

則李鴻章實一無學識無熱誠之人也。雖然。以中國之大。其人之有學識有熱誠能愈於李鴻章者幾何。十九世紀列國皆有英雄。而我國獨無一英雄。則吾輩亦安得不指鹿爲馬。聊自解嘲。翹李鴻章以示於世界曰。此我國之英雄也。嗚呼。亦適成爲我國之英雄而已矣。亦適成爲我國十九世紀以前之英雄而已矣。

要而論之。李鴻章有才氣而無學識之人也。有閱歷而無血性之人也。彼非無鞠躬盡瘁死而後已之心。然彼彌縫偷安以待死者也。彼於未死之前。當責任而不辭。然未嘗有立百年大計以遺後人之志。諺所謂做一日和尙撞一日鐘。中國朝野上下之人心。莫不皆然。而李亦其代表人也。雖然。今日舉朝二品以上之大員。五十歲以上之達官。無一人能及彼者。此則吾所敢斷言也。嗟乎。李鴻章之敗績。旣已屢見不一見矣。後此內憂外患之風潮。將有甚於李鴻章時代數倍者。乃今也欲求一如李鴻章其人者。亦渺不可復覩焉。念中國之前途。不禁毛髮栗起。而未知其所終極也。

九州生氣恃風雷　萬馬齊瘖究可哀　我勸天公重抖擻　不拘一格降人才